Die Krise der bürgerlichen Ideologie und
die Lehre von der Denkweise

I. Teil

Die Krise der bürgerlichen Ideologie und
des Antikommunismus

W0196942

Juni 2021
4. Auflage

Redaktionskollektiv REVOLUTIONÄRER WEG
unter Leitung von Stefan Engel
Schmalhorststr. 1b, 45899 Gelsenkirchen

Die Krise der bürgerlichen Ideologie
und des Antikommunismus

Zuerst erschienen als REVOLUTIONÄRER WEG 36/I. Teil
in der Reihe REVOLUTIONÄRER WEG 36 bis 39

Die Krise der bürgerlichen Ideologie
und die Lehre von der Denkweise

© Verlag Neuer Weg
Mediengruppe Neuer Weg GmbH
Alte Bottroper Straße 42, 45356 Essen
verlag@neuerweg.de
www.neuerweg.de

Gesamtherstellung: Mediengruppe Neuer Weg GmbH

ISBN 978-3-88021-596-2
E-Book ISBN 978-3-88021-597-9

Stefan Engel

Die Krise der bürgerlichen Ideologie und die Lehre von der Denkweise

I. Teil
Die Krise der bürgerlichen Ideologie und des Antikommunismus

Verlag Neuer Weg

Inhalt

Die Krise der bürgerlichen Ideologie und die Lehre von der Denkweise

Einleitung

Die Neuorganisation der internationalen Produktion seit den 1990er-Jahren hat eine neue historische Umbruchphase vom Kapitalismus zum Sozialismus eingeleitet. 2008 bis 2014 tobte die bis dahin tiefste und umfassendste Weltwirtschafts- und Finanzkrise in der Geschichte des Kapitalismus. Sie stürzte das ganze imperialistische Weltsystem samt internationalisierter Produktion und weltumspannendem Handel in eine tiefe und umfassende Krise. Das löste **gewaltige Veränderungen im Überbau des imperialistischen Weltsystems** aus, sowohl in der Politik als auch in der Ideologie.

Wirtschaftliche, politische und ökologische Krisen erschüttern bei immer mehr Menschen auf der Welt das Vertrauen in das herrschende Gesellschaftssystem. Sie müssen die Auswirkungen der Krisenhaftigkeit der imperialistischen Länder ausbaden und erleben die erbärmliche Unfähigkeit der Herrschenden, die Probleme zu lösen. Die Zweifel wachsen, dass die Verhältnisse jemals besser werden, wenn sich nicht Entscheidendes ändert. Der Kampf um das Verständnis, welche Ursachen die Verschlechterungen haben und welche alternativen Entwicklungen möglich und anzustreben sind, ist entbrannt. Immer mehr Menschen wünschen sich gesellschaftliche Alternativen, viele sind sich aber über Ziel und Weg noch nicht im Klaren.

Der verschärfte imperialistische Konkurrenzdruck befeuert überall die **Tendenz zur offenen Diktatur und zur aggressiven offenen Reaktion** des allein herrschenden internationalen Finanzkapitals **nach innen und außen**. Eine allgemeine Rechtsentwicklung der Regierungen, der bürgerlichen Parteien, der Medien, der Kultur sowie unter einem Teil der Massen** entstand und entwickelte sich.

In vielen Ländern übernahmen ultrareaktionäre, faschistoide oder neofaschistische, rassistische, nationalistische und chauvinistische Regierungen das Ruder oder änderten ihre Herrschaftsmethode: Trump in den USA, Erdoğan in der Türkei, Putin in Russland, Modi in Indien, Bolsonaro in Brasilien, Orbán in Ungarn, Kaczynski in Polen oder Johnson in Großbritannien.

Als besonderes Merkmal **setzen sich** diese Regierungen mehr oder weniger **über den Konsens internationaler Regeln** zwischen den Monopolen und den imperialistischen Staaten **hinweg** und ignorieren geltende bürgerlich-demokratische Gesetze und Gepflogenheiten. Sie verfolgen eine **rigorose Ausrichtung auf die nationalen Interessen** und **stellen wichtige Säulen der bürgerlichen Demokratie infrage.**

Sie bauen demokratische Rechte und Freiheiten ab und beschleunigen die Faschisierung der Staatsapparate und die Militarisierung der Gesellschaft. Dazu fördern sie völkische und faschistische Organisationen und deren Propaganda. Sie heben Schritt für Schritt den noch bestehenden Schutz von Minderheiten auf und bauen das Recht auf Flucht und das Asylrecht ab. Sie schränken die relative Unabhängigkeit der Gerichte ein, verbreiten »Fake News«[1] und attackieren die bürgerlich-liberale Presse. Parlamente und Institutionen der bürgerlichen Demokratie werden mehr oder minder übergangen. Sie treiben die militärische Aufrüstung massiv in die Höhe, attackieren erkämpfte Frauenrechte und beschleunigen die Zerstörung der natürlichen Lebensgrundlagen. Wäh-

---

[1] Lügen und Falschmeldungen

rend der Corona-Pandemie bagatellisieren sie das neue Virus SARS-CoV-2, unterminieren so in menschenverachtender Weise den notwendigen Gesundheitsschutz. Sie riskieren die Gesundheit der Bevölkerung und haben Zigtausend vermeidbare Corona-Tote zu verantworten. Ihre zentrale Leitlinie ist, sämtliche gravierende Belastungen des wirtschaftlichen Lebens, insbesondere der Maximalprofit schaffenden Industrieproduktion der internationalen Monopole, möglichst zu vermeiden.

Das **neuimperialistische China** gaukelt der Weltöffentlichkeit immer noch vor, ein sozialistisches Land zu sein. Im Zuge seines atemberaubenden Eroberungsfeldzugs auf dem Weltmarkt entdeckte ein wachsender Teil des internationalen Finanzkapitals, dass Chinas **stark eingeschränkte bürgerliche Demokratie** im Konkurrenzkampf viele Vorteile gegenüber der liberalen bürgerlich-parlamentarischen Demokratie hat. Die Monopole liebäugeln damit, unmittelbarer und schneller auf die gesamten Ressourcen des Staatsapparats, der Produktion und der Massenmedien zugreifen zu können und kaum Rücksicht nehmen zu müssen auf demokratische Regeln, Rechte und Freiheiten der Massen, auf einschränkende Gesetze oder Kritik der Massenmedien.

Die allgemeine Rechtsentwicklung wurde verstärkt durch die **internationale Krise der Flüchtlingspolitik** der imperialistischen Länder, die sich 2015 rasant verschärfte und die EU in eine offene Krise stürzte.

Länderübergreifende oder globale Organisationen wie die Europäische Union (EU), die Vereinten Nationen (UNO), der militärische Nordatlantikpakt (NATO), der Internationale Währungsfonds (IWF) oder auch die Welthandelsorganisation (WTO) **gerieten in offene Krisen.** Die Infragestellung oder Auflösung weltweiter Regeln und UNO-Beschlüsse ausgehend von den USA stürzte imperialistische und neuimperialistische

Länder in wirtschaftliche und politische Krisen. So der offene Handelskrieg der USA mit China, die Aufkündigung des Atomwaffenabkommens mit dem Iran, der Austritt aus der Weltgesundheitsorganisation (WHO) und dem Pariser Klimaabkommen oder die Aufhebung der UNO-Beschlüsse zum Schutz der Palästinenser.

Auf der Basis der chronischen Überakkumulation des Kapitals wurde diese Politik Mitte 2018 zum Auslöser einer **neuen Weltwirtschafts- und Finanzkrise**. Sie entfaltete sich mit voller Wucht in Wechselwirkung mit der Corona-Pandemie Anfang 2020 und beschleunigte in der gesamten kapitalistischen Welt einen drastischen, in Ausmaß und Breite bis dahin nicht gekannten Krisenabschwung.

Weitere **neue Brandherde zwischenimperialistischer Widersprüche entstanden** um die Vorherrschaft im Südchinesischen Meer, in der Karibik, im Nahen und Mittleren Osten, in Nord- und Zentralafrika, in ehemaligen Sowjetrepubliken oder im östlichen Mittelmeer. Die imperialistischen Großmächte drohten direkt aneinanderzugeraten, wodurch die **allgemeine Gefahr eines Dritten Weltkriegs** enorm wuchs.

Die **globale Umweltkrise verschärft sich** zunehmend. Neue Erkenntnisse und Beobachtungen vor allem über die dramatische Erderwärmung sowie neuartige Zerstörungen in der Biosphäre führten **weltweit** zu einem **allgemeinen Erwachen des Umweltbewusstseins der Massen**. Das ist auch eine Reaktion auf die offene Aufkündigung des Umweltschutzes durch den ehemaligen US-Präsidenten Trump. Unter der Jugend entstand eine **Millionen zählende länderübergreifend koordinierte Widerstandsbewegung zur Rettung des Weltklimas**. Die herrschenden internationalen Monopole gerieten mehr und mehr in den Fokus des Kampfs zur Rettung der Umwelt vor einer globalen Katastrophe.

Die verstärkte Krisenhaftigkeit des imperialistischen Weltsystems spiegelt sich im **Bewusstsein der Massen** wider als **verschärfte Polarisierung** zwischen einer **reaktionären, chauvinistischen** beziehungsweise **faschistoiden Tendenz** und einem **fortschrittlichen Stimmungsumschwung**. Die Massenbasis der meisten herkömmlichen bürgerlichen Parteien bricht weg. Die Regierungsbildung in den einzelnen Ländern wird immer komplizierter.

Der **fortschrittliche Stimmungsumschwung** unter den Massen äußert sich in spontanen Protesten, Demonstrationen, Streiks, Aufständen und aufstandsähnlichen Massenprotesten an wechselnden Brennpunkten auf der Welt. Das spontane Aufbegehren der Massen gegen die Alleinherrschaft des internationalen Finanzkapitals steht immer öfter unter dem Einfluss revolutionärer Kräfte.

Insbesondere die Sozialdemokratie stürzte mit dem Bankrott der Schröder/Fischer-Regierung 2005 in eine tiefe und langanhaltende Krise, die den von ihr ausgehenden Reformismus empfindlich schwächt. Das fördert einerseits vor allem in der Arbeiterbewegung den Weg zur Arbeiteroffensive und einen wachsenden Einfluss des wissenschaftlichen Sozialismus. Andererseits gewinnen nationalistische, ultrareaktionäre, faschistische oder faschistoide Parteien und Bewegungen verstärkt an Boden, unterstützt von offen reaktionären Teilen der bürgerlichen Massenmedien: so die AfD in Deutschland, der Rassemblement National in Frankreich, die AKP in der Türkei, die Freiheitliche Partei Österreichs, die Republikaner unter Trump in den USA oder die Lega in Italien.

Zusätzlich zum modernen Antikommunismus betritt nun verstärkt wieder der offen reaktionäre Antikommunismus die politische Bühne. Der Kampf zwischen dem Antikommunismus und dem wissenschaftlichen Sozialismus verschärft sich in allen Bereichen der Gesellschaft. **Mit dem**

Antikommunismus verschiedenster Couleur **fertigzuwerden**, ist auf dem Hintergrund der tiefen Krisen des Reformismus und des modernen Revisionismus inzwischen zur **Schlüsselfrage in der Bewusstseinsbildung der Massen** geworden.

Die verschärfte Krisenhaftigkeit des imperialistischen Weltsystems lässt auch die latente **Krise der bürgerlichen Ideologie** immer häufiger **offen hervortreten**. Seit den 1990er-Jahren, also dem Beginn der Neuorganisation der internationalen Produktion, wurde das **gesellschaftliche System der kleinbürgerlichen Denkweise** zur vorherrschenden Form der bürgerlichen Ideologie in den kapitalistischen Ländern. Es zielt darauf ab, die wachsende Unzufriedenheit der Massen in systemkonforme Bahnen zu lenken.

Die kleinbürgerliche Denkweise macht sich solidarische, gesellschaftskritische Anschauungen, Forderungen, Traditionen, Gefühle und Verhaltensweisen der Arbeiterklasse und der breiten Massen scheinbar zu eigen.

Das System der kleinbürgerlichen Denkweise bildet in Deutschland noch die Hauptseite der Regierungsmethode, weil die Herrschenden die Verschärfung des Klassenkampfs möglichst vermeiden wollen. Es hat jedoch durch die Krisenhaftigkeit des imperialistischen Weltsystems und den Verarbeitungsprozess unter den Massen erheblich an Wirkung verloren.

Das gilt auch für die **herkömmlichen Lebenslügen des staatsmonopolistischen Kapitalismus**, die nach dem Zweiten Weltkrieg von den Herrschenden im Kampf gegen das gewachsene sozialistische Lager mühsam konstruiert wurden. Unter den Massen sind die Phrasen von der »sozialen Marktwirtschaft«, vom »Sozialstaat«, von der »friedlichen Außenpolitik«, vom »freiheitlich-demokratischen Rechtsstaat«, der »Gleichberechtigung von Mann und Frau« oder der »Vereinbarkeit von Ökologie und Ökonomie« zunehmend verpönt, weil sie mit der gesellschaftlichen Wirklichkeit nur wenig oder gar nichts zu tun haben. Das **kapitalistische Gesellschaftssystem verliert deutlich an Bindungskraft.**

Kern des Systems der kleinbürgerlichen Denkweise ist die **kleinbürgerlich-antikommunistische Denkweise** als ein Damm gegen den wissenschaftlichen Sozialismus. Sie wird gespeist vom modernen Antikommunismus.

Dieser gibt sich kapitalismuskritisch, zugleich verunglimpft er den Kampf für eine sozialistische Gesellschaft und die Ideale des Kommunismus als »stalinistischen« oder »maoistischen Terror« oder lässt ihn als aussichtslos erscheinen. Dabei macht sich der moderne Antikommunismus demagogisch die negativen Erfahrungen der Massen mit dem Verrat am Sozialismus und dem restaurierten bürokratischen Kapitalismus in ehemals sozialistischen Ländern sowie mit dem gescheiterten revisionistischen Projekt des »Sozialismus des 21. Jahrhunderts« in Lateinamerika zunutze. Zu Hilfe kommen ihm die verschiedenen Schattierungen des Revisionismus.

Die reaktionäre Antwort auf die Krise des Systems der kleinbürgerlichen Denkweise ist die **Renaissance reaktionärer Varianten der bürgerlichen Ideologie** und ihre Modifikation für die heutige Zeit.

Der weltanschauliche Kampf entbrennt heute sowohl zwischen dem allein herrschenden internationalen Monopolkapital und dem internationalen Proletariat als auch innerhalb der Bourgeoisie zwischen den sich liberal-demokratisch gebenden Kräften und dem offen reaktionären Teil des Monopolkapitals. Dieser **ideologische Wirrwarr verkompliziert die Situation ungemein** und befeuert den Kampf zwischen proletarischer und kleinbürgerlicher Denkweise unter den Massen außerordentlich.

Das Bewusstsein der Arbeiter-, Volks-, Frauen- und Jugendbewegung hält mit den komplizierter werdenden gesellschaftlichen Verhältnissen des Imperialismus im Allgemeinen noch
nicht Schritt. Ihnen fehlt noch die selbständige Orientierung
und eine **wegweisende sozialistische Weltanschauung**.
Das macht sie anfällig für allerlei opportunistische, reformistische, revisionistische, anarchistische oder auch sozialchau-
vinistische Einflüsse. Am stärksten wirkt jedoch gegenwärtig
der Einfluss der **kleinbürgerlich-antikommunistischen
Denkweise.**

Das Scheitern des Krisenmanagements während der Welt-
wirtschafts- und Finanzkrise, die mit der Corona-Pandemie
in Wechselwirkung steht, hat Mitte des Jahres 2020 eine **beschleunigte Tendenz zur Herausbildung einer gesamtgesellschaftlichen Krise des imperialistischen Weltsystems** hervorgebracht. Erstmals seit vielen Jahrzehnten kann
auf diesem Boden eine revolutionäre Krise im internationalen
Maßstab entstehen. Unter allen Umständen wollen die allein
herrschenden internationalen Monopole eine solche Entwicklung verhindern.

In den Krisenprogrammen der imperialistischen Regierungen werden die Krisenlasten drastisch auf die Arbeiterklasse
und die breiten Massen abgewälzt. Zugleich werden auch
krisendämpfende Zugeständnisse wie Überbrückungsgelder
an kleinbürgerliche Existenzen oder Kurzarbeitergeld gewährt.

Letztlich sind die Herrschenden bereit, revolutionäre Bewegungen mit Gewalt niederzuschlagen. Das unterstreichen
sie durch ihren international proklamierten und koordinierten Kampf gegen den »Terrorismus«. Die Faschisierung ihrer
Staatsapparate ist die **praktische Vorbereitung auf die
Konterrevolution.**

Digitalisierung und **Internet** bedeuten einen historischen Fortschritt in der Entwicklung der Produktivkräfte. Sie treiben die materielle Vorbereitung des Sozialismus voran. Das Internet erleichtert länderübergreifende Kommunikation der Massen, ihren Zugang zu Wissenschaft, Bildung, technischem Knowhow sowie Austausch der Kultur und bietet auch wichtige organisierende Möglichkeiten.

Inzwischen haben sich jedoch die herrschenden Monopole das Internet als neue wirksame Methode der Massenbeeinflussung nahezu vollständig untergeordnet. Sie erreichen über die »sozialen Medien« unmittelbar die Herzen und Hirne der breiten Massen, insbesondere der Jugend. Die neuen faschistischen, völkischen und reaktionären Bewegungen und Parteien konnten sich vor allem über das Internet gesellschaftlich etablieren und ihren Einfluss unter einem wachsenden Teil der Massen festigen.

Es gehört zu den **modernen Lebenslügen** der staatsmonopolistischen Herrschaftsausübung, dass **das Internet vor allem die unabhängige demokratische Willensbildung fördern** würde. Das Internet vermittelt eine Fülle von Informationen mit einer **spontan kaum zu durchschauenden Mischung von bürgerlichen, kleinbürgerlichen und proletarischen Ansichten und Methoden**. Die Funktionsweise der sozialen Medien und die Flut an oberflächlichen und vereinfachenden Informationen entwöhnt von gründlichem Nachdenken sowie Lesen von Büchern und Zeitschriften. So werden geistige Kurzatmigkeit, Oberflächlichkeit und hauptsächlich gefühlsmäßig geprägtes Denken und Handeln gefördert. Die gewachsene Neigung, sich über Internet zu verabreden, zu vernetzen oder sich bei der Organisierung von Aktionen allein vom Internet abhängig zu machen, setzt fahrlässig alle Beteiligten der Beobachtung und dem Zugriff des Staatsapparats und seiner Geheimdienste aus.

Ohne einen festen proletarischen Klassenstandpunkt und dialektisch-materialistisches Herangehen an die komplizierte gesellschaftliche Wirklichkeit ist eine selbständige Orientierung der Massen nur eingeschränkt möglich.

Bei allem Unheil, das die bürgerlichen und kleinbürgerlichen Strömungen im Denken, Fühlen und Handeln der Massen anrichten – allmächtig sind sie nicht! So sind sie nicht in der Lage, die Massen nachhaltig an den Kapitalismus zu binden und das Ansehen des Sozialismus auszulöschen. Letztlich wiegen die praktischen Erfahrungen der wachsenden Ausbeutung und Armut, der fortschreitenden Ruinierung kleinbürgerlicher oder kleinbäuerlicher Existenzen, der dramatischen Umweltzerstörung, der zunehmenden Ungerechtigkeit, von Krieg und Kriegsgefahr sowie ihre Verarbeitung in der gesellschaftlichen Polarisierung viel schwerer.

Die Herrschenden können objektive Gesetzmäßigkeiten der kapitalistischen Gesellschaft nicht beliebig außer Kraft setzen. Der Klassenkampf der Arbeiter, der aktive Volkswiderstand der Massen und die Rebellion der Jugend stellen sich ihnen immer wieder in den Weg. In der Folge wurden reaktionäre Präsidenten oder Regierungen in Argentinien, Spanien, Italien, Österreich, Irland, der Ukraine ebenso wie in den USA wieder abgewählt. Das menschenverachtende Krisenmanagement von Trump in den USA oder Bolsonaro in Brasilien in der Weltwirtschafts- und Finanzkrise sowie der Corona-Pandemie hat die Massenbasis dieser faschistischen Machthaber empfindlich zersetzt und den Kampf der Arbeiter-, Volks- und Jugendbewegung beflügelt. Der fortschrittliche Stimmungsumschwung unter den Massen geht tendenziell in eine **antikapitalistische Stimmung** über.

Ein erheblicher Teil der breiten Massen sieht die politische Alternative noch in sozialdemokratischen, kleinbürgerlich-ökologistischen, revisionistischen oder linksreformistischen Parteien und Konzepten. Grundlage dafür ist eine noch stark wirkende kleinbürgerliche Denkweise.

Innerhalb des fortschrittlichen Stimmungsumschwungs entfaltet sich so ein lebhafter Kampf zwischen verschiedenen Varianten der kleinbürgerlichen Denkweise und der proletarischen Denkweise, zwischen dem wissenschaftlichen Sozialismus und der bürgerlichen Ideologie mit ihrem Antikommunismus als Kern.

Die Herrschenden begegnen dem Linkstrend unter den Massen aus der Defensive heraus mit einer **neuen Offensive des Antikommunismus** und der verstärkten Unterdrückung der revolutionären Theorie und Praxis. Regierung und Geheimdienste in Deutschland konnten jedoch nicht verhindern, dass die MLPD in eine neue gesamtgesellschaftliche Rolle hineinwuchs und ihre von der Bourgeoisie verursachte relative Isolierung nachhaltig überwand. Das offenbart die allgemeine Unfähigkeit der Herrschenden, mit dem wachsenden marxistisch-leninistischen Einfluss auf die Massen fertigzuwerden.

Die **Staatsreligion des Antikommunismus** steckt **selbst in einer Krise.** Die böswillige Gleichsetzung von links und rechts, von Faschismus und Kommunismus galt jahrzehntelang als selbstverständlicher Konsens der bürgerlichen Gesellschaft. Dieser gerät zunehmend in die Kritik und wird inzwischen von einem wachsenden Teil der Bevölkerung infrage gestellt.

Die Marxisten-Leninisten müssen die gegenwärtige gesellschaftliche Kulmination mit einer **weltanschaulichen Offensive des wissenschaftlichen Sozialismus** beantworten. Sie müssen den Kampf gegen den Antikommunismus unter einer stets wachsenden Masse und gemeinsam mit ihr austragen. Dieser weltanschauliche Kampf ist ein **unverzichtbares Vorgefecht** der **internationalen sozialistischen Revolution.**

Die Lehre von der Denkweise ist ein sicherer Navigator durch diesen entfalteten gesellschaftlichen Kampf um die Denkweise. Ihr weltanschaulicher Ausgangspunkt ist Lenins Schrift »Materialismus und Empiriokritizismus«. Lenin stellte darin der irreführenden Behauptung damaliger kleinbürgerlicher Theoretiker, Materialismus und Idealismus seien zu vereinigen, die in sich geschlossene marxistisch-leninistische Theorie und dialektisch-materialistische Methode des wissenschaftlichen Sozialismus gegenüber.

Seit Anfang der 1990er-Jahre war es gängige Methode und Praxis der Regierungen und aller bürgerlichen Parteien, einschließlich der »Grünen« und der Partei »DIE LINKE«, das von Krisen gebeutelte imperialistische Weltsystem als »alternativlos«, »reformierbar« und »immer noch bestes aller Systeme« zu rechtfertigen. Allerlei Begrifflichkeiten werden erfunden oder modifiziert, die den Klassencharakter und die agierenden Kräfte der Gesellschaft und die allgemeine Krisenhaftigkeit vertuschen sollen. Die heillose weltanschauliche Verwirrung, die die Herrschenden in der Arbeiterklasse und unter den Massen verbreiten, muss aufgelöst werden. Die Arbeiterklasse kann ihren Weg des Kampfs um Befreiung von Ausbeutung und Unterdrückung in einer sozialistischen Gesellschaft nur dann erfolgreich beschreiten, wenn sie mit den verschiedenen Facetten der kleinbürgerlichen Denkweise und mit allen Varianten des Antikommunismus fertigwird, wenn sie weltanschaulich den Sieg des wissenschaftlichen Sozialismus über die bürgerliche Ideologie erringt.

Das ist vor allem mit der Methode der **wissenschaftlichen Polemik** in Verbindung mit der systematischen Kleinarbeit der Marxisten-Leninisten und persönlichen Kampferfahrungen möglich. Die wissenschaftliche Polemik offenbart den realen Antagonismus von Kapitalismus und Sozialismus, von Arbeiterklasse und Monopolkapital, von bürgerlicher und proletarischer Ideologie, von kleinbürgerlicher und proletarischer Denkweise. Sie nennt Ross und Reiter, legt in aller Tiefe und ungeschminkt die bestehenden Meinungsverschiedenheiten offen und trägt sie bis zu einer Entscheidung aus. Sie beruht auf einer konkreten Analyse des Kampfs um die Denkweise. Dabei ist sie schöpferisch und zeichnet sich stets durch einen Erkenntnisfortschritt für den wissenschaftlichen Sozialismus aus. Gerade in Zeiten der gesellschaftlichen Kulmination und der revolutionären Gärung wird sie zum Gebot der Stunde.

Die **internationale marxistisch-leninistische und Arbeiterbewegung** hat zweifellos ihren **Tiefpunkt nach dem revisionistischen Verrat am Sozialismus durchschritten**. Sie befindet sich in einer Phase des Neuaufbaus, der Stärkung sowie der länderübergreifenden Kooperation, Koordination und Vereinigung ihrer Kräfte.

Bei allen bedeutenden Fortschritten sind die revolutionären Parteien und Organisationen aber **noch entschieden zu schwach**. Zu groß ist deshalb die Verwirrung, die die Herrschenden bislang unter den Massen anrichten können.

Die gesellschaftliche Bedeutung der internationalen marxistisch-leninistischen und Arbeiterbewegung liegt heute vor allem in ihrem **revolutionären Potenzial**. Dieses kann und wird sich auf der Basis der allgemeinen Krisenhaftigkeit des Imperialismus und der Bewusstseinsbildung unter der Arbeiterklasse und den breiten Massen hin zu einer revolutionären Krise entfalten.

Mit den Büchern »Götterdämmerung über der ›neuen Weltordnung‹«, »Morgenröte der internationalen sozialistischen Revolution« und »Katastrophenalarm! Was tun gegen die mutwillige Zerstörung der Einheit von Mensch und Natur?« hat die MLPD wichtige **Grundlagen für diese weltanschauliche Offensive** gelegt. Sie beinhalten die Analyse der Neuorganisation der internationalen kapitalistischen Produktion als

neue Phase des Imperialismus und der materiellen Vorbereitung des Sozialismus sowie Schlussfolgerungen für die Strategie und Taktik der internationalen sozialistischen Revolution.

Diese ideologisch-politische Verarbeitung sowohl der neuen
Erscheinungen und wesentlichen Veränderungen im imperialistischen Weltsystem als auch ihrer revolutionären Überwindung muss nun durch die **weltanschauliche Seite vervoll-
ständigt** werden. Dem dienen die vier Nummern der Schrift
»Die Krise der bürgerlichen Ideologie und die Lehre von der
Denkweise« der Reihe REVOLUTIONÄRER WEG 36 bis 39.

Die schrittweise Veröffentlichung der ersten Nummer 36
»Die Krise der bürgerlichen Ideologie und des Antikommunismus« und dann möglichst zeitnah der weiteren drei Nummern
ist dem Umfang der Analyse geschuldet und folgt der Überle-
gung einer besseren Verarbeitung und Verbreitung.

Viele Mitarbeiter sind notwendig, um das umfassende Ma-
terial in einer überschaubaren Zeit und der notwendigen
Qualität zu bearbeiten. Die Redaktion bedankt sich bei allen
Mitarbeiterinnen und Mitarbeitern, insbesondere bei Monika
Gärtner-Engel und Gabi Fechtner, die wesentlichen Anteil an
der Fertigstellung des Manuskripts haben.

Die umfangreiche theoretische Analyse des heutigen Klassenkampfs auf weltanschaulichem Gebiet ist eine große Herausforderung an die kollektive Weisheit der MLPD. Sie kann
nur in enger Wechselwirkung mit der praktischen Teilnahme
am Klassenkampf, der Verarbeitung der Erfahrungen der
internationalen marxistisch-leninistischen und Arbeiterbewegung sowie durch die **bewusste Anwendung der dialektischen Methode auf der Grundlage der Lehre von
der Denkweise und des systemischen Denkens** positiv
gemeistert werden.

Stefan Engel, April 2021

I. Die Krise der bürgerlichen Ideologie und des Antikommunismus

1. Bürgerliche und proletarische Ideologie

Die Ideologie von der »Ideologiefreiheit«

Mit der vernichtenden Niederlage des Hitler-Faschismus im Zweiten Weltkrieg erlitt auch die bürgerliche Ideologie eine schwere Niederlage. Der Sozialismus siegte über die imperialistischen Aggressoren, über den Faschismus und seine Weltanschauung des faschistischen Antikommunismus. Das sozialistische Lager entstand. Die Weltanschauung des wissenschaftlichen Sozialismus gewann weltweit enorm an Anziehungskraft. Als antikommunistische Antwort inszenierten die Apologeten des kapitalistischen Systems die »Totalitarismus«-Theorie, und der Mythos von der »Ideologiefreiheit« wurde geboren.

Diese weltanschaulichen Nebelkerzen wurden just zu dem Zeitpunkt gezündet, als sich nach dem Faschismus der Richtungsstreit über die Entwicklung Deutschlands entfaltete. Nur in der sowjetischen Besatzungszone schlugen die Menschen eine sozialistische Entwicklungsrichtung ein. In den drei westlichen Besatzungszonen entstand dagegen – aufgrund einer Änderung der Deutschlandpolitik der USA – ein neudeutscher Imperialismus.

»Ideologiefreiheit« wurde zu einer zentralen **Lebenslüge** des neudeutschen Imperialismus in Wissenschaft, Poli-

tik, Kultur, Bildung und Erziehung. Der Begriff »Ideologie«
wurde zielstrebig negativ belegt. Im »Lexikon der Grundbegriffe« steht entsprechend:

»Ideologien werden zur Durchsetzung eines Machtanspruchs
aufgebaut und entsprechen nicht unbedingt der Realität.«[2]
Als gäbe es Klassengesellschaften ohne Weltanschauung!
Jede Ideologie begründet den Machtanspruch einer Klasse
über die anderen. Allerdings zielt die proletarische Ideologie
im Gegensatz zur bürgerlichen Ideologie nicht auf den Erhalt
oder auf eine Modifikation der Diktatur der Monopole, sondern strebt die Überwindung der Klassengesellschaft überhaupt an – nach einer Phase der Diktatur des Proletariats.

Daniel Bell[3] verdreht vehement die Tatsachen, wenn er von
»kommunistischem Dogmatismus« spricht, der seiner Meinung
nach *»von sich aus dem Untergang geweiht«* sei, *»während*
demokratische Werte dauerhaft« Bestand hätten. Einen Nach-
weis dafür bleibt er schuldig! Denn **dialektische Analyse**
und Synthese der sich verändernden gesellschaftlichen
Verhältnisse sind **Wesensmerkmale des Marxismus-Le-**
ninismus, sie schließen jede Art von Dogmatismus aus.

Bei der Gründung der Bundesrepublik Deutschland wurde
das Grundgesetz selbstredend ganz »ideologiefrei« mit einer
antidemokratischen »Wehrhaftigkeit« ausgestattet. Diese erlaubt es, höchst »demokratisch«, alle kommunistischen und
sozialistischen Ideale zu unterdrücken. Garniert wird das
in der gesellschaftlichen Diskussion mit der so freigeistig
klingenden Phrase, heute seien alle »Ismen« gleichermaßen
als »Dogma, Unbeweglichkeit und Starrsinnigkeit« überholt.
Dahinter verbirgt sich in Wirklichkeit vor allem der Angriff

---

[2] Dieter Claessens, Karin Claessens, »Lexikon der Grundbegriffe«, S. 106

[3] Daniel Bell, US-Sozialwissenschaftler, ein Begründer der Theorie vom
»Ende der Ideologie«

auf den wissenschaftlichen Sozialismus. Der ehemalige sozial-demokratische Bundeskanzler Willy Brandt, einer der profiliertesten Politiker der sogenannten »Ideologiefreiheit« in Deutschland, erklärte:

»In der Politik ... muß man seinen Überzeugungen treu bleiben, aber im Wesentlichen ideologiefrei handeln.«[4]

Damit werden flugs »Ideologien« »positiven Überzeugungen« entgegengestellt. Was sollen aber »positive Überzeugungen« anderes sein als Ausdruck einer bestimmten Weltanschauung, also Ideologie?

Ein Vertreter der zweiten Generation der »Frankfurter Schule«, die den Mythos der »Ideologiefreiheit« theoretisch begründete, war der Philosoph Herbert Schnädelbach. In seiner Schrift »Was ist Ideologie?« heißt es:

»Ideologien im klassischen Sinne dagegen sind immer Versuche gewesen, sich auf das gesellschaftliche Ganze einen Vers zu machen, es rational zu durchdringen und es als etwas Rationales zu erweisen. Wir leben ... in einem nachideologischen Zeitalter insofern, als solche Versuche heute weitgehend unterbleiben, weil sie durch bestimmte gesellschaftliche Bedingungen ungemein erschwert werden.«[5]

Kleinmütig kapituliert der Herr Philosoph aufgrund seiner Verwirrung stiftenden Ideologie von der »Ideologiefreiheit« vor der ureigensten Aufgabe der Philosophie, sich *»auf das gesellschaftliche Ganze einen Vers zu machen«*. Was für ein positivistischer und reaktionärer Unfug, dass man die Zusammenhänge und Gesetzmäßigkeiten des *»gesellschaftlichen Ganzen«* gar nicht erkennen kann und soll! Doch als Gefangenem des *»nachideologischen Zeitalters«* bleibt dem Mann wohl nichts

---

[4] Die Zeit, 1.1.1971

[5] Herbert Schnädelbach, Das Argument 50/1969, S. 89

anderes übrig, als sich ohnmächtig jeder gesellschaftlichen Entwicklung – und sei sie noch so reaktionär – zu ergeben.

Das »*nachideologische Zeitalter*« von Schnädelbach ist eine reine Fiktion zur Täuschung der Massen. In jedem Kopf gibt es, mehr oder weniger bewusst, einen »*Vers auf das gesellschaftliche Ganze*«. Die Frage ist nur, mit welcher Denkweise, von welchem Klassenstandpunkt aus das geschieht.

Gerade weil die heute komplizierten gesellschaftlichen Bedingungen es tatsächlich »*ungemein erschweren*«, das »*gesellschaftliche Ganze*« zu erkennen, treffend zu qualifizieren und zu verändern, gewinnt der **ideologische Kampf**, der Klassenkampf auf ideologischem Gebiet, als Vorgefecht und Teil des Kampfs um die Befreiung der Menschheit immense Bedeutung.

Das »Ende der Ideologie« im imperialistischen Weltsystem zu verkünden, heißt nichts anderes, als der bürgerlichen Ideologie und damit einem faulenden, verkommenen Gesellschaftssystem das Feld zu überlassen. Während die Herrschenden »völlig unideologisch« ihre bürgerliche Weltanschauung für allgemeingültig erklären und über Tausende Kanäle verbreiten, wird die proletarische Ideologie mit allen erdenklichen Mitteln und Methoden bekämpft.

Natürlich wollen die Herrschenden die kapitalistische Gesellschaft um jeden Preis erhalten. Die revolutionäre Arbeiterbewegung wird ihnen allerdings nicht den Gefallen tun, unter der Phrase der »Ideologiefreiheit« die proletarische Ideologie zu beerdigen und den Klassenkampf gegen das kapitalistische Gesellschaftssystem und für den Sozialismus/Kommunismus aufzugeben!

Die Theorie von der »Ideologiefreiheit« wird heute nicht nur von Sozialdemokraten und kleinbürgerlichen Philosophen übernommen, sondern allgemein von bürgerlichen Politikern bis ins rechte Lager. So sagte der faschistische AfD-Ideologe Björn Höcke 2014 in einer Monitor-Sendung auf die Frage, wie er zu der faschistischen »Identitären-Bewegung« steht:

> Das sind »*Menschen ... die sich Sorgen machen um eine unkontrollierte Einwanderung, und die hierfür auch pragmatische Lösungen wollen. Und ... den Diskurs ... ohne Tabus, ideologiefrei, sachlich und mit offenem Ausgang führen wollen.*«[6]

Höcke weiß genau, dass eine offen vorgetragene faschistische Ideologie bei den allermeisten Menschen auf Ablehnung stößt. Feige und scheinheilig distanziert er sich verbal von seinen braunen geistigen Vorvätern, um im Tarnmantel der scheinbar »ideologiefreien« Neutralität deren Erbe anzutreten. Demagogisch erteilt er den faschistischen »Identitären« einen Persilschein, »*ohne Tabus*« ihre rassistische, völkische, faschistische Hetze gegen Migranten auszubreiten. Ihre »*pragmatischen Lösungen*« schließen auch die Ermordung von Flüchtlingen oder die Brandstiftung an Asylunterkünften ein. Vor allem sollen diese Menschenfeinde freie Hand bekommen, die proletarische Ideologie, den Marxismus-Leninismus, seine proletarisch-internationalistische Grundeinstellung und seine Träger als Hauptfeinde mit Dreck zu bewerfen, zu bedrohen und zu unterdrücken!

Die Theorie von der »Ideologiefreiheit« ist ein Widerspruch in sich und selbst eine ausgearbeitete Variante der bürgerlichen Ideologie. Sie stellt wie jede Ideologie ein **System von Theorien und Methoden der Betrachtung und des Verhaltens gegenüber der Natur und der Gesellschaft** dar. Es gibt keine Philosophie, keine gesellschaftliche Tätigkeit, keine Produktionstätigkeit, keine Kultur, keine Natur- oder Gesellschaftswissenschaft und auch keine Politik, der nicht

---

[6] www.wdr.de 11.9.2014

eine Weltanschauung, Motivation, Methode und ein Klassenstandpunkt zugrunde lägen! In seiner philosophischen Schrift
»Über die Praxis« betont Mao Zedong:

*»In der Klassengesellschaft lebt jeder Mensch in einer be-
stimmten Klassenlage, und es gibt keine Ideen, die nicht den
Stempel einer Klasse trügen.«*[7]

Jeder Mensch hat eine **individuelle Weltanschauung**, die
sein Denken, Fühlen und Handeln prägt. Sie ist selbst Produkt der widersprüchlichen gesellschaftlichen Entwicklung.
Sie leitet sich **erstens** aus dem allgemeinen gesellschaftlichen Sein, der gesellschaftlichen Wirklichkeit ab, **zweitens**
aus dem unablässigen Kampf zwischen der herrschenden und
der unterdrückten Klasse und **drittens** aus dem Kampf zwischen idealistischer und materialistischer Weltanschauung.
Sie charakterisiert **viertens** die persönliche und individuelle
Daseinsweise und Verarbeitung der gesellschaftlichen Realität durch einen spezifischen Klassenstandpunkt und die damit
verbundene Methode der Bewusstseinsbildung.

Die Theorie der »Ideologiefreiheit« ist Ausdruck der **Defensive der bürgerlichen Ideologie** gegenüber dem wissenschaftlichen Sozialismus. Sie ist ein weltanschauliches Ver-
wirrmanöver, um die Krise der bürgerlichen Gesellschaft und
ihrer Ideologie sowie deren Ursachen aufgrund der inneren
Widersprüchlichkeit und Zerrissenheit zu verschleiern. Sie
entspricht aber auch dem Unwillen und der Unfähigkeit der
Herrschenden, die Wirklichkeit zu erfassen und die Mensch-
heitsprobleme zu lösen.

Weltanschaulich ist die bürgerliche Ideologie dem **Idealismus zuzurechnen**, weil sie leugnet, dass sich die gesellschaftliche Lage der Menschen, besonders ihre Klassenlage,

---

[7] Mao Tse-tung, Ausgewählte Werke, Bd. 1, S. 348

gesetzmäßig in ihrem Denken, ihrem Bewusstsein widerspiegelt. Sie konstruiert das unreale Bild autonom denkender, fühlender und handelnder Personen ohne Weltanschauung, ohne Ideologie.

Darauf fußt auch der **bürgerliche Freiheitsbegriff**, der Freiheit auf die individuelle Entfaltung des Einzelnen reduziert. Wesentliches Motiv ist die Rechtfertigung der Diskriminierung, Bekämpfung und offenen Unterdrückung der proletarischen Ideologie und ihrer Repräsentanten. Zugleich verfolgt sie den Zweck, die tatsächlich herrschende bürgerliche Ideologie jeglicher Infragestellung und kritischer Diskussion zu entziehen und für unantastbar zu erklären. Damit es nicht zum offenen weltanschaulichen Streit mit der überlegenen proletarischen Ideologie kommt, muss dieser unter dem Credo der »Ideologiefreiheit« tunlichst vermieden werden.

Die Ideologie der »Ideologiefreiheit« zielt in erster Linie auf eine **Stigmatisierung des wissenschaftlichen Sozialismus, seiner marxistisch-leninistischen Begrifflichkeit** sowie auf die stillschweigende Legitimation der bürgerlichen Ideologie. Sie ist in ihrem Wesen eine **konkrete These des Antikommunismus**.

Die Bedeutung von Ideologien in der Klassengesellschaft

Alle Klassengesellschaften beruhen auf Weltanschauungen, die ihre Existenz begründen und rechtfertigen. Das gilt seit der Sklavenhaltergesellschaft über den Feudalismus bis zum Kapitalismus und seinem höchsten Stadium, dem Imperialismus.

*»So brachte die Spaltung der menschlichen Gesellschaft in Klassen den **Konflikt zwischen der idealistischen und der materialistischen, zwischen der metaphysischen und***

der dialektischen Weltanschauung hervor. Dieser Konflikt ... wird bestehen bleiben, solange es Klassen und Klassenwidersprüche gibt.«[8]

Eine Gesellschaft kann auf Dauer nur funktionieren, wenn unter ihren Mitgliedern bestimmte weltanschauliche Normen, Werte und Regeln gelten und relativ vereinheitlicht sind.

Der ganze Lebensablauf, das Aufwachsen und die Erziehung der Kinder, Familie, Schule und Ausbildung, Berufswelt, Wissenschaft, Kultur oder Umgangsformen sollen als quasi naturgegeben erscheinen. Die Gesellschaft erzieht von klein auf, sich in Liebe, Familie, Gesellschaft, Freizeit, gegenüber der Natur oder im Berufsleben so zu verhalten, wie es ihre weltanschaulichen Grundlagen vorgeben.

In frühen Gesellschaftsformationen, vor allem in der Urgesellschaft, konnten die Menschen sich Naturerscheinungen und -ereignisse nur als Wirkung übersinnlicher Kräfte erklären. Die Klassengesellschaften sind in der Menschheitsgeschichte vor etwa 5 000 Jahren entstanden. Dem in den antiken Sklavenhaltergesellschaften vorherrschenden urwüchsigen Materialismus folgte das idealistisch-religiöse Weltbild der Feudalordnung des Mittelalters. Die aufstrebende Bourgeoisie negierte diese Ideologie und entwickelte nach und nach sowohl materialistische als auch idealistische Ideologien, auch in Kombination, dabei trat jeweils die eine oder andere Seite hervor. Da die Klassengesellschaften jedoch auf Ausbeutung und Unterdrückung beruhen, spiegeln die Herrschenden dem Volk ideale Verhältnisse vor, um es ruhig zu halten. Deshalb sind die **meisten herrschenden Ideologien dem Lager des Idealismus** zuzuordnen. Der Idealismus vertritt, dass

---

[8] Stefan Engel, »Der Kampf um die Denkweise in der Arbeiterbewegung«, S. 14

die Wirklichkeit nur ein Abbild beziehungsweise das Produkt menschlicher oder auch göttlicher Ideen ist. Der Materialismus geht dagegen davon aus, dass jede Idee nur eine Widerspiegelung der objektiven Wirklichkeit sein kann.

Religionen waren lange Zeit die vorherrschende Form der Weltanschauungen. Sie veränderten sich mit der gesellschaftlichen Realität in Inhalt und Methode. **Sklavenhaltergesellschaften** entsprach der **Polytheismus** mit seiner Vielzahl von Gottheiten. Später entwickelten sich **monotheistische Religionen** wie Judentum, Christentum und Islam. Der Glaube an eine einzige Gottheit erwies sich als besser geeignet für Gesellschaften, die von einem König oder Kaiser regiert wurden.

Aufgrund seiner sich stets entwickelnden Komplexität erfordert der Kapitalismus als Rechtfertigung ein ganzes **System veränderbarer Varianten der bürgerlichen Ideologie**. Die Religionen konnten eine solche allseitige weltanschauliche Grundlage alleine nicht mehr bieten und wurden von den stürmischen wissenschaftlichen Erkenntnissen zunächst ins Abseits gedrängt. Zwar bezeichnet sich der Kapitalismus der westlichen Welt immer noch als »christlich abendländische Wertegesellschaft«. Den Gläubigen jedoch nur Demut, Unterwürfigkeit und Enthaltsamkeit zu verschreiben und im Ausgleich dafür ein paradiesisches Leben nach dem Tod zu versprechen, steht in krassem Gegensatz zur gesellschaftlichen Lebenswirklichkeit, aber auch zum gewachsenen Selbstbewusstsein der Massen. Mit dem Fortschreiten der Krisenhaftigkeit des Imperialismus wurden die Religionen in modifizierter, stärker auf das Diesseits gerichteter Form wieder zu einem integralen Bestandteil der bürgerlichen Ideologie.

Zu den wichtigsten **erkenntnistheoretischen Systemen** der bürgerlichen Ideologie gehören heute der **Positivismus**, der **Pragmatismus**, der **Empiriokritizismus**[9], der **Pluralismus**, der **Postmodernismus** oder auch die **Theorie von der** **»Wertfreiheit«**, die das zeitweilige Aufblühen der Dialektik[10] im Zeitalter des Kapitalismus der freien Konkurrenz ins Abseits verbannten. Diese Varianten suggerieren demokratische Vielfalt in der Interpretation der gesellschaftlichen Realität. Sie stellen jedoch alle nicht nur theoretische Konstrukte dar, sondern richten jeweils auch ein **ganzes System praktischer Denk- und Verhaltensweisen** aus, die Wirklichkeit zu betrachten und sich ihr gegenüber systemkonform zu verhalten.

Die historisch fortschrittliche Rolle der bürgerlichen Ideologie

Da die bürgerliche Ideologie mit ihrer Theorie von der »Ideologiefreiheit« paradoxerweise die eigene Existenz leugnet, ist sie noch nicht einmal in der Lage, ihre eigenen Erfolge bei der Entstehung der kapitalistischen Gesellschaft im Kampf gegen den Feudalismus zu würdigen. Die bürgerlichen Materialisten der »Aufklärung« im 18. Jahrhundert kritisierten nicht nur die Religion und jeden Aberglauben, sondern brachen auch mit dem Dogma der gottgewollt ewig währenden Adels- und Kirchenherrschaft. Sie stellten mit dem »freien Denken« die gesamte feudale Gesellschaft und die Unterwerfung der Menschen unter angeblich »höhere Mächte« radikal infrage. Sie nahmen der Feudalordnung den *»Heiligenschein göttlicher*

---

[9] Idealistische Strömung, die vorgibt, Materialismus und Idealismus zu verbinden.

[10] Dialektik nennt man die Wissenschaft von den allgemeinen Gesetzen der Bewegung und Entwicklung in Natur und Gesellschaft und im Denken. Sie ist die allgemeine Methode bzw. Denkweise der proletarischen Weltanschauung.

Weihe«[11], mit dem sie die römisch-katholische Kirche umgeben hatte.

Die bürgerliche Ideologie wurde auf der Basis der Entwicklung der kapitalistischen Produktionsweise und mit dem Sieg der bürgerlichen Revolution über den Feudalismus zur fortschrittlichen materiellen Gewalt. Unter ihrer Fahne siegten Befreiungskriege, Volksaufstände und Kämpfe gegen Aristokratenherrschaft, Sklavenunterdrückung und für bürgerlich-demokratische Rechte und Freiheiten und allgemeine Menschenrechte. Das alles stellt ein revolutionäres Erbe dar, dessen sich die Bourgeoisie mit ihrem Begriff der »Ideologiefreiheit« jedoch heute schämt. Sie verleugnet dieses Erbe sogar aus Angst, dass sich ihr vormaliger Ruf nach Freiheit und Demokratie heute gegen ihre eigene Herrschaft richten könnte.

Die **Dialektik** des bürgerlichen Idealisten Georg Wilhelm Friedrich Hegel zählt zu den bedeutendsten Errungenschaften der bürgerlichen Ideologie. Als Kritik an einer in der damaligen KPD/SED verbreiteten Auffassung von der pauschal »reaktionären Philosophie« Hegels schrieb Willi Dickhut 1946 eine kurze philosophische Schrift mit dem Titel *»Hegels ›Logik‹ als Höhepunkt und Ende der klassischen Philosophie«*. Friedrich Engels schrieb kritisch über die Bedeutung von Hegels dialektischer Erkenntnistheorie:

»Wie die Bourgeoisie durch die große Industrie, die Konkurrenz und den Weltmarkt alle stabilen, altehrwürdigen Institutionen praktisch auflöst, so löst diese dialektische Philosophie alle Vorstellungen von endgültiger absoluter Wahrheit und ihr entsprechenden absoluten Menschheitszuständen auf.

---

[11] Friedrich Engels, Einleitung [zur englischen Ausgabe (1892)] »Die Entwicklung des Sozialismus von der Utopie zur Wissenschaft«, Marx/Engels, Werke, Bd. 19, S. 533

*Vor ihr besteht nichts Endgültiges, Absolutes, Heiliges; sie
weist von allem und an allem die Vergänglichkeit auf, und
nichts besteht vor ihr als der ununterbrochne Prozeß des Wer-
dens und Vergehens, des Aufsteigens ohne Ende vom Niedern
zum Höhern, dessen bloße Widerspiegelung im denkenden Hirn
sie selbst ist.«*[12]

Die Anwendung der dialektischen Methode ermöglichte es
Carl von Clausewitz (1780–1831), die Militärwissenschaft zu
revolutionieren, Johann Wolfgang von Goethe (1749–1832)
die deutsche Sprache und Dichtung, Ludwig van Beetho-
ven (1770–1827) musikalische Kompositionen, Alexander von
Humboldt (1769–1859) die Naturforschung. Die weltanschauliche Durchdringung der Naturwissenschaften mit der Dialektik auf der materiellen Basis der Entwicklung der Produktivkräfte und der bürgerlichen Revolution brachte seit
dem 15. Jahrhundert und besonders im Lauf des 18./19. Jahrhunderts die **modernen Naturwissenschaften** hervor: Die
Astronomie klärte das Werden des Sonnensystems aus einer
Gaswolke und die **Geologie** stellte das Werden der Erde in
ihrer Selbstentwicklung aus einem heißen Materieklumpen
dar. Dadurch wurden die Schöpfungsgeschichten der Bibel
oder des Koran in ihren Grundfesten erschüttert. In der **Bio-
logie** stellte die Entdeckung der Zellen die Übereinstimmung
der Strukturen von Pflanzen, Tieren und Menschen fest,
was erst eine vergleichende Physiologie ermöglichte. Darwin
wies die **Entwicklung der Arten** in der Natur nach. In der
Physik wurde die Verwandelbarkeit der Bewegungsformen
von Mechanik, Wärme, Licht, Elektrizität, Magnetismus und
radioaktiver Strahlung entdeckt. Die **Chemie** überwand die
mittelalterliche Alchemie und erforschte die Gesetze der mo-

---

[12] »Ludwig Feuerbach und der Ausgang der klassischen deutschen Philosophie«, Marx/Engels, Werke, Bd. 21, S. 267/268

lekularen Struktur, der Eigenschaften und Bedingungen der Umwandlung von Stoffen.

Gleichwohl waren und sind die **Naturwissenschaften auf der Basis der bürgerlichen Ideologie nie konsequent dialektisch oder materialistisch** und können es auch nicht sein. Die bürgerliche Ideologie dient ausschließlich der Eroberung und dem Erhalt der Klassenherrschaft der Bourgeoisie und der Verwirklichung ihrer Interessen. In diesem Sinn sorgt sie dafür, dass die großen Fortschritte, die mit der Dialektik und dem Materialismus erreicht werden, an den Grenzen der Anerkennung des kapitalistischen Systems und der Verwertbarkeit für die kapitalistische Gesellschaft enden und der Arbeiterklasse und den breiten Massen weitgehend vorenthalten bleiben.

Die wissenschaftlichen Erkenntnisse als eine theoretische Grundlage der revolutionären Entwicklung der Produktivkräfte lassen sich auf Dauer nicht in den kapitalistischen Produktionsverhältnissen fesseln. Sie können in Wechselwirkung mit der Entwicklung des Klassenkampfs zu einer unbändigen Kraft werden, die inneren Widersprüche des Kapitalismus voranzutreiben und den Ruf nach seiner revolutionären Überwindung immer lauter werden zu lassen.

Auf der Grundlage der gewaltigen Fortschritte der Naturwissenschaft und Industrie konnte Ludwig Feuerbach den Idealismus Hegels kritisieren und den **modernen Materialismus** ausarbeiten. Karl Marx und Friedrich Engels verteidigten nicht nur die Dialektik Hegels und den Materialismus Feuerbachs gegen oberflächliche Kritik, sondern setzten sich schöpferisch mit den Einseitigkeiten der beiden Lehren auseinander: mit Hegels idealistischer Dialektik und Feuerbachs mechanischem Materialismus. Mit ihrer dialektischen Negation schufen sie den **dialektischen und historischen Materialismus als weltanschauliche Grundlage des wissenschaftlichen Sozialismus.**

Die proletarische Ideologie als Erbin des weltanschaulichen Fortschritts der Menschheit

Das Auffinden allgemeingültiger Gesetzmäßigkeiten in den konkreten Bewegungsformen der materiellen Welt brachte eine Revolution in der Produktionsweise und in der Denk- und Lebensweise der Menschheit hervor. Die **materialistische Dialektik** findet die **Bewegungsgesetze in Natur, Gesellschaft und menschlichem Denken** auf, verallgemeinert sie und entwickelt sie ständig weiter. Sie wurde zur Anleitung für forschendes und sich entwickelndes Denken und Handeln in der Gesellschaft, in den Naturwissenschaften und in der Kultur.

Karl Marx und Friedrich Engels entwickelten den **wissenschaftlichen Sozialismus** als dialektische Negation der bürgerlichen Ideologie, als Synthese **des gesellschaftlichen, kulturellen und wissenschaftlichen Fortschritts der bisherigen Menschheitsgeschichte**.

Die materielle Grundlage dafür lag in der Entstehung des Industrieproletariats, in dem neuen Niveau der Arbeitsteilung in der Produktion sowie in dem kulturellen und wissenschaftlichen Fortschritt, der damit einherging. Die Zeit war reif für eine Weltanschauung, die diesem historischen Fortschritt zum Durchbruch verhelfen würde. Dieses Erbe konnte nur die Arbeiterklasse antreten, worauf Friedrich Engels 1886 hinwies:

»nur bei der Arbeiterklasse besteht der deutsche theoretische Sinn unverkümmert fort. Hier ist er nicht auszurotten; hier finden keine Rücksichten statt auf Karriere, auf Profitmacherei, auf gnädige Protektion von oben; im Gegenteil, je rücksichtsloser und unbefangener die Wissenschaft vorgeht, desto mehr befindet sie sich im Einklang mit den Interessen und Strebungen der Arbeiter. ... Die deutsche Arbeiter-

bewegung ist die Erbin der deutschen klassischen Philosophie.«[13]

Die **proletarische Ideologie vereinigt Materialismus und Dialektik.** Materialistisch ist die Deutung, die Theorie der Erscheinungen und Gesetze in Natur, Gesellschaft und menschlichem Denken, die unabhängig vom individuellen menschlichen Sein und Bewusstsein existieren. **Dialektisch** ist die Methode der immer tieferen und allseitigeren Erforschung und Verallgemeinerung dieser Erscheinungen und Gesetze und ihrer Anwendung. Die **materialistische Dialektik** ist das **lebendige Wesen jedes Erkenntnisfortschritts der Menschheit.**

Willi Dickhut[14], Vordenker und Mitbegründer der MLPD, stellte die **hauptsächlichen dialektischen Bewegungsgesetze** in ihren Gesamtzusammenhang:

»Im ständigen Werden und Vergehen (Negation der Negation) entstehen immer neue Formen, werden umgewandelt (Umschlagen der Quantität in Qualität) und lassen durch die inneren Widersprüche (Kampf und Einheit der Gegensätze) die Welt sich im unendlichen Prozess immer höher und höher entwickeln.«[15]

Marx und Engels erforschten die dialektischen Bewegungsgesetze insbesondere in der Kritik an der **kapitalistischen Produktionsweise.** Sie leisteten dabei eine **fundamentale Kritik an der bürgerlichen Ökonomie des**

---

[13] »Ludwig Feuerbach und der Ausgang der klassischen deutschen Philosophie«, Marx/Engels, Werke, Bd. 21, S. 307

[14] Willi Dickhut (1904 bis 1992), geboren am 29. 4. 1904, war von Beruf Schlosser, wurde 1926 Mitglied der KPD. Er leistete einen vorbildlichen aktiven Widerstand im Faschismus. 1966 schloss ihn die revisionistische KPD nach 40-jähriger Mitgliedschaft aufgrund seiner Kritik am revisionistischen Verrat der KPdSU aus der Partei aus. Von 1969 bis 1991 war er Leiter des theoretischen Organs REVOLUTIONÄRER WEG.

[15] Willi Dickhut, »Die dialektische Einheit von Theorie und Praxis«, S. 18/19

Kapitalismus, begründeten die **proletarische Strategie und Taktik der internationalen sozialistischen Revolution**. Sie charakterisierten die Diktatur des Proletariats als geschichtlich **notwendige Entwicklungsstufe auf dem Weg zur klassenlosen Gesellschaft im Kommunismus**.

Die von Karl Marx und Friedrich Engels eingeführten wissenschaftlichen Begriffe über die Entwicklung der Klassengesellschaft und des Klassenkampfs sind Verallgemeinerungen einer dialektisch-materialistischen Deutung der real stattfindenden objektiven Gesetzmäßigkeiten. Sie geben der Arbeiterklasse Leitlinien für den Kampf um eine künftige Gesellschaft ohne Ausbeutung und Unterdrückung des Menschen durch den Menschen in Einheit von Mensch und Natur. Friedrich Engels bezeichnete den Kommunismus als »_Sprung der Menschheit aus dem Reich der Notwendigkeit in das Reich der Freiheit._«[16] Dieser **kommunistische Freiheitsbegriff** ist die weltanschauliche Grundlage einer klassenlosen, kommunistischen Gesellschaft, aber auch heute schon für die Denk- und Arbeitsweise der internationalen kommunistischen und Arbeiterbewegung.

Lenin entwickelte den dialektischen Materialismus weiter, insbesondere durch die »Bestimmungen der Dialektik«, die er in seinem »Konspekt zur ›Wissenschaft der Logik‹« Hegel abrang:

»_1) die Bestimmung des Begriffs aus ihm selbst (das Ding **selbst** soll in seinen Beziehungen und in seiner Entwicklung betrachtet werden); 2) das Widersprechende im Ding selbst (das Andere seiner), die widersprechenden Kräfte und Tendenzen in jedweder Erscheinung; 3) die Vereinigung von Analyse_

---

[16] Friedrich Engels, »Die Entwicklung des Sozialismus von der Utopie zur Wissenschaft«, Marx/Engels, Werke, Bd. 19, S. 226

und Synthese. Dies sind allem Anschein nach die Elemente der Dialektik.«[17]

Aus diesen Grundelementen entwickelte Lenin ein System von 16 dialektischen Elementen[18] als Anleitung zur bewussten Anwendung der dialektischen Methode bei der wissenschaftlichen Lösung der Probleme der Menschheit in Natur, Gesellschaft und menschlichem Denken.

Mao Zedong kritisierte eine Tendenz zur Vernachlässigung des ideologischen Kampfs in der alten kommunistischen Bewegung. Mit seinen Schriften »Über die Praxis« und »Über den Widerspruch« in den 1930er-Jahren sowie »Über die richtige Behandlung der Widersprüche im Volk« in den 1950er-Jahren leistete er wichtige Weiterentwicklungen des Marxismus-Leninismus. Er verhalf den Kommunisten zum Verständnis der materialistischen Dialektik und zur bewussten Anwendung der dialektischen Methode in Theorie und Praxis des Klassenkampfs und des sozialistischen Aufbaus.

Die proletarische Weltanschauung wurde mit Hilfe der **wissenschaftlichen Polemik** geboren und entwickelt. Marx, Engels, Lenin, Stalin und Mao Zedong polemisierten gegen den Idealismus und die Metaphysik[19] der bürgerlichen und kleinbürgerlichen Ideologen in der Arbeiterbewegung. Die Polemik von Marx und Engels richtete sich vornehmlich gegen Reformismus, Anarchismus und utopischen Sozialismus, Lenins Polemik gegen den Revisionismus Kautskys und den linken Radikalismus in der europäischen Arbeiterbewegung, die Polemik von Stalin richtete sich gegen den Trotzkismus

---

[17] Lenin, Werke, Bd. 38, S. 212

[18] vgl. Lenin, Werke, Bd. 38, S. 212–214; auch: Willi Dickhut, »Die dialektische Einheit von Theorie und Praxis«, S. 68/69

[19] Idealistische Denkweise, die (im Gegensatz zur materialistischen Dialektik) die Erscheinungen von Natur und Gesellschaft nur vereinzelt, isoliert und starr betrachtet.

und Revisionismus, während Mao Zedong gegen das linke
Sektierertum in China und den modernen Revisionismus in
der internationalen Arbeiterbewegung polemisierte.

Marx polemisierte gegen den **bürgerlichen Pragmatismus und Reformismus** des führenden Sozialdemokraten
Ferdinand Lassalle. Dieser rühmte sich als *»Realpolitiker«*
und fasste lediglich *»das nächst vor der Nase liegende Interesse als ›Realität‹«*[20] auf. Lassalles *»Realpolitik«* orientierte die
Arbeiterklasse darauf, nur um einzelne Verbesserungen im
Rahmen des bürgerlichen Staats zu denken und zu kämpfen.
Lassalle richtete sich gegen den proletarischen Klassenkampf
zur revolutionären Überwindung des Kapitalismus.

Marx polemisierte auch gegen das kleinbürgerliche Programm des **russischen Anarchisten Michael Bakunin**.
Dieser vertrat die illusionäre Theorie von der *»Gleichheit der
verschiedenen Klassen«*, die Marx so auf den Punkt brachte
und widerlegte:

»Auf der einen Seite das Weiterbestehen von **classes** *[Klas-
sen] und auf der anderen Seite die* **égalité** *[Gleichheit] der zu
ihnen gehörenden Glieder zu unterstellen«*.[21]

Statt der Abschaffung der Klassen und ihres Antagonismus
verfocht Bakunin die Illusion von der Aussöhnung der Klassen in einer kommunistischen Gesellschaft. Er repräsentierte
mit seiner Utopie lediglich den Wunsch des Kleinbürgertums,
ohne Klassenkampf und Revolution seine Träume von einer
kommunistischen Gesellschaft zu verwirklichen. Er lehnte
eine revolutionäre Partei der Arbeiterklasse ab und ebenso die
Diktatur des Proletariats als notwendige Übergangsstufe zur
klassenlosen Gesellschaft.

---

[20] »Marx an Ludwig Kugelmann«, Marx/Engels, Werke, Bd. 31, S. 452

[21] »Marx an Paul und Laura Lafargue«, Marx/Engels, Werke, Bd. 32, S. 674/675

Karl Marx analysierte und zerpflückte auch den **klein-bürgerlich-utopischen Sozialismus** von **Pierre-Joseph Proudhon**:

>*»Er entlehnt den Ökonomen die Notwendigkeit der ewigen Verhältnisse; er entlehnt den Sozialisten die Illusion, in dem Elend nur das Elend zu erblicken (statt darin die revolutionäre, zerstörende Seite zu erblicken, welche die alte Gesellschaft umstürzen wird).«*[22]

Proudhon dichtete der kapitalistischen Gesellschaft *»ewige Verhältnisse«* an, weil er als Kleinbürger bei aller Kritik an den verheerenden Folgen der Entwicklung des Kapitalismus vor dessen notwendigem revolutionären Sturz zurückschreckte.

Proudhon sah das Proletariat skeptisch, sah es überheblich nur als leidend an. Marx und Engels hoben im Gegensatz dazu die **Rolle des Proletariats** aufgrund seiner Stellung in Produktion und Gesellschaft als **Trägerin der fortgeschrittensten, industriellen Produktionsweise** und als **kollektive Avantgarde des revolutionären Klassenkampfs** hervor.

Die von Marx, Engels und Lenin höchstentwickelte Form des dialektischen und historischen Materialismus machte es erstmals grundsätzlich möglich, das Denken, Fühlen und Handeln der Menschen in Übereinstimmung mit der objektiven Wirklichkeit zu bringen und dadurch den gesellschaftlichen Fortschritt bewusst zu gestalten. So wurde die proletarische Ideologie zur wissenschaftlichen Theorie und Methode für die revolutionäre Überwindung des Kapitalismus und den Aufbau des Sozialismus als nächsten gesellschaftlichen Schritt vorwärts auf dem Weg zur kommunistischen Gesellschaft.

---

[22] »Über P.-J. Proudhon«, Marx/Engels, Werke, Bd. 16, S. 28/29

Die tiefe Feindschaft der bürgerlichen Ideologie gegenüber
der proletarischen Ideologie ist gut begründet: Sie sieht die
bürgerliche Gesellschaft revolutionär und fundamental infrage gestellt und stellt ihr die gesellschaftliche Zukunft im
Sozialismus/Kommunismus als Alternative entgegen. Die wissenschaftliche Begründung der proletarischen Ideologie war
der entscheidende Ausgangspunkt der Krise der bürgerlichen
Ideologie. Fortan musste sie sich gegen die proletarische Ideologie verteidigen. Der **Antikommunismus** wurde mehr und
mehr zum **Wesenskern der bürgerlichen Ideologie.** Sie
büßte die letzten Reste ihrer einst fortschrittlichen Rolle ein
und nahm einen durch und durch reaktionären Charakter an.

2. Die Krise der bürgerlichen Ideologie

Die Krise der bürgerlichen Ideologie und die Allgemeine Krise des Kapitalismus

In einem Essay im Magazin Der Spiegel beschreibt
Frank Schirrmacher, ehemaliger Chefredakteur der großbürgerlichen Frankfurter Allgemeinen Zeitung (FAZ), drastisch Erscheinungen des unauflöslichen Krisenstrudels, in
dem sich das kapitalistische System befindet:

Diese *»Tragödie des Gemeinwohls«,* in der alle im System der
Finanzspekulation *»nur in ihrem eigenen Interesse handelnd
einen systemisch lebensgefährlichen Markt hervorbrachten ...
hatte die Welt an den Rand des Systemversagens geführt.«*[23]

---

[23] Der Spiegel 7/2013, S. 116

Natürlich kennzeichnet Schirrmacher die Situation vom bürgerlichen Standpunkt aus. Nur die herrschende Schicht des internationalen Finanzkapitals trauert dem Versagen ihres kapitalistischen Systems nach. Für das um Befreiung von Ausbeutung und Unterdrückung ringende Proletariat dagegen ist die allgemeine Krisenhaftigkeit des imperialistischen Weltsystems und seine entfesselte Destruktivkraft Anlass für einen Aufbruch. Die Krise ist Signal für einen gesellschaftlichen Neuanfang, für die revolutionäre Überwindung des kapitalistischen Gesellschaftssystems hin zu einer sozialistischen Gesellschaft auf dem Weg zum Kommunismus.

Angesichts der allgemeinen Krisenhaftigkeit befindet sich die bürgerliche Politik seit Jahren global im desolaten Zustand eines **ununterbrochenen Krisenmanagements**. Auch wenn es zeitweilig wirkt, muss es dennoch unweigerlich scheitern. Allgemeiner Katzenjammer, der Verlust einer positiven Zukunftsperspektive und die fast panische Angst vor dem Ende der diktatorischen Herrschaft der Bourgeoisie grassieren.

Die Krise der bürgerlichen Ideologie hat eine wechselvolle Geschichte. Beim Aufkommen des deutschen Imperialismus um die Wende vom 19. zum 20. Jahrhundert riefen die Herrschenden dazu auf, »mit Gott für Kaiser und Vaterland« die räuberischen, expansionistischen Ziele des deutschen Imperialismus zu verfechten. Die imperialistischen Großmächte gingen dazu über, mit militärischen Mitteln um die territoriale Neuaufteilung des Kolonialbesitzes und um die Weltherrschaft zu kämpfen. Das äußerte sich weltanschaulich in der Verbreitung eines extrem reaktionären **Nationalismus** und **Sozialchauvinismus**, von **Militarismus, Faschismus, Rassismus** und **aggressivem Antikommunismus**. Der deutsche Professor Werner Sombart, Soziologe und Volkswirt im deutschen Kaiserreich und später Mitglied der faschistischen

Akademie für Deutsches Recht, machte aus seiner Begeisterung für den deutschen Militarismus keinen Hehl:

»Weil aber im Kriege erst alle Tugenden, die der Militarismus hochbewertet, zur vollen Entfaltung kommen, weil erst im Kriege sich wahres Heldentum betätigt ... darum erscheint uns, die wir vom Militarismus erfüllt sind, der Krieg selbst als ein Heiliges, als das Heiligste auf Erden.«[24]

Diese unverhüllte Kriegslüsternheit widersprach offen dem Ideal der bürgerlichen Weltanschauung von »Freiheit, Gleichheit, Brüderlichkeit« und verhöhnte es geradezu. Selbst die Mehrheit der sozialdemokratischen Parteien der II. Internationale schwenkte auf die Position des Sozialchauvinismus um. So gelang es den Imperialisten, große Teile der Massen zunächst für den Krieg zu gewinnen. Der Erste Weltkrieg gipfelte in einem fürchterlichen Völkergemetzel mit über neun Millionen getöteten Soldaten, fast zehn Millionen getöteten Zivilisten und noch mehr Kriegsversehrten, Witwen und Waisen. Er brachte unzählige Kriegsverbrechen hervor, vernichtete Sachwerte von Hunderten Milliarden US-Dollar und verursachte eine beispiellose Zerstörung der natürlichen Umwelt.

Die erfolgreiche sozialistische Oktoberrevolution 1917 in Russland leitete das Ende des Ersten Weltkriegs ein und trug entscheidend zu gewaltigen Erschütterungen des imperialistischen Weltsystems bei. Sie war die Geburtsstunde der Ära der proletarischen Revolution und des Sozialismus, der **Beginn der Allgemeinen Krise des Kapitalismus**. Willi Dickhut definierte diese treffend als

*»Zustand der Zersetzung und Fäulnis, der Aushöhlung und Schwächung der ökonomischen, politischen **und ideologi-***

---

[24] Werner Sombart, »Händler und Helden. Patriotische Besinnungen«, München/Leipzig 1915, S. 88

schen *Kräfte des kapitalistischen Gesellschaftssystems, der ununterbrochen weiterbestehen wird bis zu seinem Ende.«*[25]

So trat die **Krise der bürgerlichen Ideologie** erstmals offen in Erscheinung. In diesem Zusammenhang blühten auch zahlreiche neue Formen der idealistischen Weltanschauung auf: der Nihilismus[26], Agnostizismus[27], Mystizismus[28], Empiriokritizismus[29] oder der Neopositivismus[30]. Die Krise der bürgerlichen Ideologie besteht in der gesamten Ära des Imperialismus fort bis heute, wenn auch zeitweise in latenter Form. Sie ist **weltanschaulicher Ausdruck der Allgemeinen Krise des Kapitalismus**.

Illusion der Versöhnung von Idealismus und Materialismus

Die herrschenden Monopole, ihre Regierungen und Parteien haben im Lauf der Jahrzehnte gelernt: Wenn sie ihr Profit- und Machtstreben, ihre luxuriöse Lebensweise, ihre Massenverachtung unverhüllt zur Schau tragen und offen rechtfertigen, dann stößt das vor allem unter Arbeitern auf Ablehnung und fordert ihren Kampfwillen heraus. Deshalb gaukeln sie den Massen vor, die Klassenwidersprüche zwischen Proletariat und Bourgeoisie ließen sich versöhnen. Die scheinbare Anpassung der bürgerlichen Ideologie an die proletarische Ideologie zielt darauf ab, die Arbeiterklasse mit bürgerlichen

---

[25] »Krisen und Klassenkampf«, S. 136 – Hervorhebung Verf.

[26] Philosophie der Zerstörung und Sinnlosigkeit

[27] vertritt die Unmöglichkeit der Erkenntnis der objektiven Realität

[28] übersteigerte Neigung zum Geheimnisvollen, Wunderglaube, Verschwörungstheorien

[29] Behauptung, die Wirklichkeit bestehe nur aus Empfindungskomplexen

[30] anerkennt nur Erscheinungen als real, nicht Gesetzmäßigkeiten oder das Wesen der Dinge

und kleinbürgerlichen Ansichten, Verhaltensweisen und Gefühlen zu manipulieren.

Die bürgerliche Ideologie erzeugt ständig eine kleinbürgerliche Denkweise unter den Massen bis hinein in die Arbeiterklasse und erschwert die Herausbildung eines proletarischen Klassenbewusstseins und der proletarischen Denkweise. Zugleich behält die proletarische Denkweise ihre unerschöpfliche Quelle in der industriellen Großproduktion mit der Arbeiterklasse als deren hauptsächlicher Trägerin. Die proletarische Denkweise steht der kleinbürgerlichen Denkweise direkt entgegen und ist der Ausgangspunkt der Entwicklung des proletarischen Klassenbewusstseins.

Die hauptsächlichen Kanäle, über die die bürgerliche Ideologie in die Denk-, Arbeits- und Lebensweise der Massen eindringt, sind:

- die Verschleierung des objektiv stattfindenden Klassenkampfs durch zeitweilige reformistische Zugeständnisse,

- die Tradition der bürgerlichen Gesellschaft und ihre Moral,

- die bürgerliche Staats- und Familienordnung,

- das bürgerliche Erziehungswesen,

- die Manipulation des Denkens, Fühlens und Handelns mittels der bürgerlichen Massenmedien, einschließlich des von Monopolen beherrschten Internets,

- die bürgerliche Naturwissenschaft und Medizin, einschließlich der verschiedenen Varianten der »alternativen Medizin«,

- die bürgerliche Soziologie, Sozialpädagogik, Sozialarbeit und Psychologie,

- die bürgerliche Geschichtsschreibung,

- die Regierungspolitik, der bürgerliche Parlamentarismus, bürgerliche und kleinbürgerliche Parteien und Organisationen,

- die bürgerliche Justiz,

- die Religion und Ersatzreligionen wie zum Beispiel die Esoterik,

- der bürgerliche und kleinbürgerliche Kultur-, Sport- und Musikbetrieb,

- das gesellschaftliche System der kleinbürgerlichen Denkweise.

Die materielle Grundlage für die Entstehung der kleinbürgerlichen Denkweise in der Arbeiterbewegung liegt in einer tendenziellen Durchdringung von Teilen der Arbeiterklasse mit den kleinbürgerlichen Zwischenschichten. Seit seiner Herausbildung in einer wachsenden Zahl von Ländern erwächst für den Imperialismus die Notwendigkeit, vor allem die abhängige kleinbürgerliche Intelligenz als Massenbasis zu gewinnen.

Durch Erwirtschaftung von Monopolprofiten gewannen die Imperialisten seit Ende des 19. Jahrhunderts die Möglichkeit, auch einen Teil der Arbeiterklasse zu bestechen und ihr unter bestimmten Umständen und bis zu einem gewissen Grad kleinbürgerliche Lebensverhältnisse zu ermöglichen. Eine **Arbeiteraristokratie** entstand und wurde zur Trägerin des Reformismus in der Arbeiterbewegung. Das ist heute anders! Im Zusammenhang mit dem Wirtschaftsaufschwung nach dem Zweiten Weltkrieg entwickelte das Monopolkapital die **Politik der Reformen** von oben, die auf ein Vordringen der kleinbürgerlich-reformistischen Denkweise in der Arbeiterbewegung ausgerichtet war. Das Fertigwerden mit der kleinbürgerlichen und die Festigung der **proletarischen Denkweise** wurde ausschlaggebend für den proletarischen Parteiaufbau, die Entwicklung des proletarischen Klassenkampfs und die Vorbereitung der internationalen sozialistischen Revolution.

Die bürgerliche Ideologie erscheint heute in vielen Denksystemen, die alle eins gemeinsam haben: die irreführende

Behauptung von der **Vereinbarkeit von Idealismus und Materialismus, von bürgerlicher und proletarischer Weltanschauung und von der kleinbürgerlichen und der proletarischen Denkweise**. Das wurde zum allgemeinen Merkmal der bürgerlichen Ideologie im Zeitalter des Imperialismus. Lenin beschreibt den Antagonismus der beiden Weltanschauungen so:

>*»bei jeder philosophischen Frage ... konnten wir den Kampf zwischen **Materialismus** und **Idealismus** verfolgen. ... fanden wir immer, ausnahmslos, die **zwei** Grundlinien, die zwei Grundrichtungen bei der Lösung der philosophischen Fragen. Ob man als das Primäre die Natur, die Materie, das Physische, die Außenwelt ansieht und Bewußtsein, Geist, Empfindung (nach der heutzutage **verbreiteten** Terminologie: Erfahrung), Psychisches u. dgl. als das Sekundäre betrachtet – das ist die Grundfrage, die **in der Tat** nach wie vor die Philosophen **in zwei große Lager** trennt.«*[31]

Die Behauptung der Vereinbarkeit von proletarischer und bürgerlicher Weltanschauung kommt **politisch** in der **Klassenzusammenarbeitspolitik** zum Ausdruck, die inzwischen zum integralen Bestandteil der Programme aller bürgerlichen Parteien wurde. Der ehemalige sozialdemokratische Bundeskanzler Helmut Schmidt[32] schreibt in dem Vorwort, das er zum Buch »Kritischer Rationalismus und Sozialdemokratie« verfasste:

>*»Ich bin kein Marxist; ich bin ebenso wenig ein Anhänger des kritischen Rationalismus. Jedoch empfehle ich, **Marx** zu lesen, ebenso **Popper**[33] ... Die Überzeugungen des demokrati-*

---

[31] Lenin, Werke, Bd. 14, S. 339/340

[32] Helmut Schmidt war von 1974–1982 Regierungschef einer SPD/FDP-Koalition.

[33] Karl Popper (1902–1994) trat als Philosoph des Neopositivismus an.

schen Sozialismus fließen nicht aus einer einzigen Theorie; sie
fließen aus eigener Erfahrung mit der Wirklichkeit, aus deren
Interpretation, letztlich aber aus sittlichem Urteil über das,
was – innerhalb des Möglichen – sein soll. ...

Moralischer Politiker ist nur derjenige, der die pragmati-
schen Prinzipien der allgemeinen Wohlfahrt in Übereinstim-
mung mit den Geboten der Moral anwendet.«[34]

Das Konglomerat von Schmidts Überzeugungen entstammt
durchweg dem Repertoire der bürgerlichen Ideologie und ihres verlogenen Idealismus. Seine scheinbare Verbeugung vor
den theoretischen Leistungen von Marx kaschiert nur seine
Begründung des Reformismus und die reformistische Politik
der Klassenzusammenarbeit, was sich dann so liest:

»systematisch und schrittweise viele einzelne Gesetze und
Vorschriften zu ändern, Einzelprobleme anzupacken und zu
lösen, die Veränderung eben ›Stück für Stück‹ in konkreten
Reformschritten herbeizuführen (›piecemeal social engineering‹
– wie Karl Popper sagt).«[35]

Zusammengefasst lautet seine Weltsicht: Mögen Theorien
wie die von Marx und dem bürgerlichen Positivisten Popper
auch einander grundsätzlich ausschließen – man entnehme
ihnen für den praktischen Bedarf bürgerlicher Politik geeig-
nete Versatzstücke, orientiere die Politik auf das, was das
herrschende Monopolkapital und die gegebenen Verhältnisse
zulassen, bekämpfe revolutionäre Bestrebungen und versehe
dieses Konglomerat mit der Weihe höherer – natürlich bürgerlicher – Sittlichkeit, *»allgemeiner Wohlfahrt«* und *»Moral«.*

---

[34] »Kritischer Rationalismus und Sozialdemokratie«, hrsg. von Georg Lührs,
Thilo Sarrazin, Frithjof Spreer und Manfred Tietzel. Mit einem Vorwort von
Helmut Schmidt, Berlin, Bonn-Bad Godesberg 1975, S. XV und S. X

[35] ebenda, S. VII

Ökonomisch sind diese *»konkreten Reformschritte«* der damaligen sozial-liberalen Koalition unter Helmut Schmidt krachend gescheitert. Seine 1974 getroffene Weissagung *»die Gewinne von heute sind die Investitionen von morgen und die Arbeitsplätze von übermorgen«* hielt den kapitalistischen Gesetzmäßigkeiten nicht stand. Statt der versprochenen Arbeitsplätze entstand in der Bundesrepublik Deutschland seit 1975 eine chronische Massenarbeitslosigkeit, die seit nunmehr über vier Jahrzehnten anhält. 1981 bis 1983 wurde die Wirtschaft erstmals seit dem Zweiten Weltkrieg von einer Weltwirtschaftskrise erfasst. In Verbindung mit der Strukturkrise auf der Basis der Einführung von Mikroelektronik und Automation stieg die Massenarbeitslosigkeit sprunghaft. Innenpolitisch führten *»die konkreten Reformschritte«* zur massiven Einschränkung der demokratischen Rechte und Freiheiten bis zur Faschisierung des Staatsapparats, die heuchlerisch mit dem Kampf gegen den Terror der anarchistischen Rote-Armee-Fraktion (RAF) gerechtfertigt wurden.

Außenpolitisch empfahl Helmut Schmidt die provokative »NATO-Nachrüstung«, die Stationierung US-amerikanischer atomarer Mittelstreckenraketen auf deutschem Boden. Ihre Kapazität zum atomaren Erstschlag erhöhte massiv die Kriegsgefahr und brachte den Widerstand von Millionen Menschen hervor.

Helmut Schmidts *»Übereinstimmung mit den Geboten der Moral«* degenerierte in der Praxis sozialdemokratischer Regierungspolitik zur schnöden Dienstleistung für die Diktatur der Monopole, für die reaktionären Interessen des neudeutschen Imperialismus.

Helmut Schmidt würdigt, dass *»**Marxens** grandiose Erkenntnis, nach der das Sein das Bewußtsein bestimmt ... zu einer ungeheuren Hilfe für uns alle geraten* (ist)«, um dann einschränkend fortzufahren: *»Jedoch: eine Handlungsanweisung* *liegt darin nicht.* **Marx** *war in seinem wissenschaftlichen Werk insgesamt von größter Zurückhaltung, was Handlungsanweisungen betrifft.«*[36]

Es ist eine beliebte Methode des Antikommunismus, Karl Marx' wissenschaftliche Theorie von seiner revolutionären Praxis zu trennen. In der Tat: Schlicht-pragmatische *»Handlungsanweisungen«* waren Marx fremd, nicht aber eine wissenschaftlich begründete Anleitung für ein klassenselbständiges, revolutionäres Denken und Handeln der Arbeiterklasse. Der geheuchelte Respekt Schmidts vor dem Wissenschaftler Marx ist daher nur Ausdruck der Angst der Herrschenden, dass diese proletarische Wissenschaft die Denkweise der Massen erfasst und zur materiellen Gewalt wird.

Eine Vermischung von proletarischer und bürgerlicher Ideologie führt in Wirklichkeit nicht zu einem »dritten Weg«, zu etwas über den Klassen Stehendem, sondern lediglich zu einer neuen Variante der bürgerlichen Ideologie, garniert mit – aus dem Zusammenhang gerissenen – **Versatzstücken** der proletarischen Weltanschauung. Welch Armutszeugnis für die imperialistische Weltanschauung! Sie kann nur noch mittels geistigen Diebstahls bei der proletarischen Weltanschauung unter den Massen punkten.

Auch Inhalte der proletarischen Weltanschauung wie Freiheit, Solidarität oder soziale Gerechtigkeit verlieren im Rahmen der bürgerlichen Ideologie ihren fortschrittlichen Charakter. Sie werden missbraucht zur demagogischen Verankerung der bürgerlichen Ideologie unter der Arbeiterklasse und den breiten Massen. Das kam zum Ausdruck in der vermeintlichen »Solidaritätssteuer«, die der Bevölkerung nach der Wiedervereinigung auferlegt wurde, um die Investitionen der Monopole auf dem Gebiet der ehemaligen DDR zu finanzieren. Oder als

---

[36] ebenda, S. XIV

die Merkel-Regierung die Bevölkerung zur »Solidarität« mit ihrem Krisenmanagement in der Weltwirtschafts- und Finanzkrise in Verbindung mit der Covid-19-Pandemie aufrief.

Die proletarische Ideologie fußt auf der prinzipiellen Einheit von Theorie und Praxis und kann als einzige der **gesamten Menschheit** die Zukunft weisen. Gerade weil sie konsequent Partei nimmt für die Klasseninteressen der Arbeiterklasse und ihrer Verbündeten, kann sie die revolutionäre Überwindung der kapitalistischen Ausbeutergesellschaft, die Befreiung der Frau und den Erhalt der natürlichen Umwelt erkämpfen. Die bis heute höchste Form der behaupteten ***Vermischung* von bürgerlicher und proletarischer Ideologie**, in Wirklichkeit der ***Verwischung* ihres Unterschieds**, ist das System der **kleinbürgerlichen Denkweise** als eine Form der bürgerlichen Ideologie. Dazu heißt es in dem Buch »Der Kampf um die Denkweise in der Arbeiterbewegung«:

*»Die **wachsende Masse des Kleinbürgertums besitzt im Kapitalismus keinen eigenen Klassenstandpunkt**. Folglich entwickelt eine große Anzahl von Menschen in der Gesellschaft ständig Bewußtseinsformen, in denen sich die Klasseninteressen von Bourgeoisie und Proletariat vermischen.«*[37]

Die individuelle Denkweise jedes Einzelnen existiert stets nur als Ergebnis des **Kampfs zwischen kleinbürgerlicher und proletarischer Denkweise**. Sie beziehen sich wohl aufeinander, können aber nicht miteinander versöhnt werden. Die kleinbürgerliche Denkweise ist heute das wesentliche Einfallstor für den **zersetzenden Einfluss der bürgerlichen Ideologie in der Arbeiterbewegung**. Darauf muss die proletarische Selbstkontrolle der Arbeiterbewegung ausgerichtet sein!

---

[37] Stefan Engel, »Der Kampf um die Denkweise in der Arbeiterbewegung«, S. 131

3. Die Krise des Antikommunismus

Der Antikommunismus begleitet die revolutionäre Arbeiterbewegung seit ihrem Entstehen im 19. Jahrhundert. *»Ein Gespenst geht um in Europa«* – mit dieser selbstbewussten Polemik machte sich schon das weltberühmte Kommunistische Manifest von 1848 über die Angst der Herrschenden vor dem Kommunismus lustig. Bei aller Aggressivität hat der Antikommunismus einen allgemein defensiven Charakter. Die MLPD hebt in ihren programmatischen Grundlagen hervor:

»Der Antikommunismus repräsentiert das verzweifelte Sträuben eines niedergehenden Systems gegen den unaufhaltsamen historischen Fortschritt und ist somit Ausdruck der Krise der bürgerlichen Ideologie. Er ist das weltanschauliche **Konzentrat der allgemeinen Krisenhaftigkeit des Imperialismus** *und damit aller negativer, destruktiver Erfahrungen der Massen.«*[38]

Die **Geschichte des Antikommunismus nach dem Zweiten Weltkrieg** zeigt, dass er zweifellos eine wirksame Waffe der Herrschenden ist: um mit seinem reaktionären Gedankengut die Massen gegen den Sozialismus in Stellung zu bringen, um sie zu verunsichern, um zu verhindern, dass sich ein revolutionäres Bewusstsein in der Arbeiterklasse und unter den breiten Massen herausbildet, um diffuse kleinbürgerlich-antikommunistische Vorbehalte gegen den Kommunismus zu schüren und um die Marxisten-Leninisten gesellschaftlich zu isolieren. Als Reaktion auf die proletarische Weltanschauung ist der Antikommunismus an besonderen Wendepunkten der gesellschaftlichen Entwicklung immer wieder gezwungen, seine Inhalte und Methoden zu modifizieren. Das drückt die fortschreitende **Krise des Antikommunismus** aus.

---

[38] Dokumente des Stuttgarter Parteitags der MLPD, 2012, S. 174

3.1. Die tiefe Krise des Antikommunismus nach dem Zweiten Weltkrieg

Am Ende des Zweiten Weltkriegs hatte die Anti-Hitler-Koalition unter Führung der sozialistischen Sowjetunion den Faschismus zerschlagen. Das brachte den Antikommunismus in seine bis dahin tiefste offene Krise. Nicht nur die faschistische Variante des Antikommunismus verlor massiv an Zustimmung, sondern auch die gesamte kapitalistische Ordnung. In Deutschland bekam die proletarische Ideologie Ansehen wie niemals zuvor. Der SPD-Politiker und spätere Bundeskanzler Willy Brandt gestand damals ein:

»(die) ... Sowjetunion ... (hat) ihre Lebenskraft eindeutig unter Beweis gestellt ... auf eine Art, die allgemeine Bewunderung hervorgerufen und ihre internationalen Positionen nicht unwesentlich gestärkt (hat).«[39]

Ein weiterer des Kommunismus besonders unverdächtiger Zeitzeuge, der Generalsekretär der Christlich Demokratischen Partei im Rheinland und Westfalen (CDP), Dr. Zimmermann, konstatierte im November 1945 gar einen allgemeinen Linkstrend:

»Die politische Tendenz geht in aller Welt nach links. Die soziale Not, die im Verfolg des Krieges überall entstanden ist, macht dies verständlich. ... Und auch die christlichen Kräfte zeigen überall die Richtung nach links.«[40]

An dem Trend in Richtung Sozialismus kamen auch die Antikommunisten sämtlicher bürgerlicher Parteien nicht vorbei. Im Ahlener Programm der CDU, das auf einem Parteitag

---

[39] Willy Brandt, »Der Zweite Weltkrieg«, Stockholm 1944, in: Vierteljahrshefte für Zeitgeschichte, 1/2010, S. 47

[40] »Das Ahlener Programm und die Düsseldorfer Leitsätze«, www.kas.de

im Februar 1947 beschlossen wurde, hieß es über die Neuordnung Deutschlands:

»Inhalt und Ziel dieser sozialen und wirtschaftlichen Neuordnung kann nicht mehr das kapitalistische Gewinn- und Machtstreben, sondern nur das Wohlergehen unseres Volkes sein.« Und es forderte: *»Die privatkapitalistischen Konzern- und Machtbildungen im Bergbau und in der Großindustrie werden auf dem Wege der Entflechtung aufgelöst«.*[41]

Das waren Ziele und Forderungen, deren Vertretern die heutige CDU umgehend den Inlandsgeheimdienst »Verfassungsschutz« auf den Hals hetzen würde!

3.2. Die Wiederbelebung des offen reaktionären Antikommunismus durch die Adenauer-Regierung

Im März 1947 verkündete der damalige US-Präsident Harry S. Truman die nach ihm benannte antikommunistische Doktrin. Ihr Ziel war die Eindämmung des Einflusses der Sowjetunion und des wachsenden sozialistischen Lagers mit allen, auch aggressiven Mitteln: Sie änderten ihre Deutschlandpolitik, um für ihren antikommunistischen Feldzug das wirtschaftliche und militärische Potenzial Westdeutschlands als Bollwerk gegen den Kommunismus nutzen zu können. Willi Dickhut schrieb in seinem Buch »Der staatsmonopolistische Kapitalismus in der BRD«:

»Senator Styles Bridges ... versicherte in einem Artikel in der ›Times‹, daß es ›das erste Erfordernis der USA-Politik‹ sei, ›Europa daran zu hindern, kommunistisch zu werden.‹«[42]

---

[41] »Ahlener Programm«, 3. Februar 1947, www.kas.de

[42] Bd. I, S. 104

Prompt wurde Deutschland auf antikommunistischer
Grundlage unter Bruch des Potsdamer Abkommens gespal-
ten und der Wiederaufstieg des neudeutschen Imperialismus
eingeleitet. Nach der Gründung der Bundesrepublik 1949 auf
dem Gebiet der drei westlichen Besatzungszonen stieg der Antikommunismus gar zur »Staatsreligion« auf. Bis heute durch-
zieht er alle Bereiche und alle Institutionen der Gesellschaft.

Fruchtbaren Boden für die Saat des Antikommunismus
schuf der US-amerikanische Marshall-Plan. Er überschwemm-
te Westdeutschland mit Waren und kurbelte die Wirtschaft
an. Diese Maßnahmen verbesserten schnell die Versorgungs-
lage und den Lebensstandard.

Der Historiker Josef Foschepoth, der 2017 aus bis dahin
geheim gehaltenen Dokumenten die Verfassungswidrigkeit
des KPD-Verbots 1956 nachwies, schrieb über den damaligen
Wahlkampf von SPD und CDU:

*»Keine der beiden Parteien wollte sich in ihrer antikommu-
nistischen Einstellung von der anderen Partei übertreffen
lassen. ... Um die letzten notwendigen Stimmen noch von der
KPD zu bekommen, setzten die Sozialdemokraten gegen Ende
des Wahlkampfs noch einmal nach und plakatierten: ›Wer KP
wählt, wählt KZ!‹ ... Mit rassistischen Plakatmotiven aus der
Zeit der NS-Diktatur schürte die CDU Angst vor den Mongo-
len-Gesichtern aus dem fernen Osten und empfahl sich selbst
als einziges Bollwerk gegen den Kommunismus.«*[43]

Diese Hetze wirkte bis in die KPD hinein. Eine Resolution
des Parteivorstands musste zugeben: Es »*sind viele Leitungen,
Funktionäre und Mitglieder vor dem Ansturm der feindlichen*

---

[43] Josef Foschepoth, »Verfassungswidrig! Das KPD-Verbot im Kalten Bürgerkrieg«, S. 45/46

Propaganda ins Schwanken geraten und haben sich vom Gegner in die Defensive drängen lassen.«[44]

Bundeskanzler Konrad Adenauer hatte sich am Ende der Weimarer Republik mit seinem Bekenntnis *»meinetwegen auch Hitler«*[45] klar positioniert und mit dem Faschismus arrangiert. Ohne jede Selbstkritik versuchte er mit ideologischen Verrenkungen, die proletarische Weltanschauung für die Verbrechen des Faschismus verantwortlich zu machen:

»Der Nationalsozialismus war nichts anderes als eine bis ins Verbrecherische hinein vorgetriebene Konsequenz der sich aus der materialistischen Weltanschauung ergebenden Anbetung der Macht und Mißachtung, ja Verachtung des Wertes des Einzelmenschen.«[46]

Doch Hitlers faschistische Tötungsmaschinerie, der 50 Millionen *»Einzelmenschen«* zum Opfer fielen, war ebenso wenig materialistisch wie sozialistisch. Adenauer erklärte böswillig die Opfer des Faschismus zu Tätern. Er beschönigte zudem die faschistische Weltanschauung, die offen den Wert ganzer Menschengruppen herabsetzte und Millionen *»minderwertige«* Menschen systematisch vernichtete.

Die materialistische Weltanschauung und die Diktatur des Proletariats haben dagegen nicht das Geringste mit einer Verachtung der Einzelmenschen zu tun. Der dialektische Materialismus begründet vielmehr seine Ansichten und Ziele strikt aus der objektiven Wirklichkeit und den darin wirkenden dialektischen Bewegungsgesetzen. Er kommt zu dem Schluss, dass die Entfaltung des Einzelnen mit all seinen Fähigkeiten

---

[44] Resolution des Parteivorstands der KPD »Die Lehren der Wahlen vom 14. August 1949«, in: Dokumente der KPD 1945–1956, Berlin, 1965

[45] www.konrad-adenauer.de, Brief an Dora Pferdmenges, 29. Juni 1933

[46] Konrad Adenauer, »Erinnerungen 1945–1953«, S. 45

und Bedürfnissen die Beseitigung der kapitalistischen Produktionsverhältnisse voraussetzt, in denen die menschliche Arbeitskraft käuflich, nur eine Ware zur Ausbeutung durch das Kapital ist. Nur eine solidarische, kommunistische klassenlose Gesellschaft wird auch die persönliche Freiheit ermöglichen:

»An die Stelle der alten bürgerlichen Gesellschaft mit ihren Klassen und Klassengegensätzen tritt eine Assoziation, worin die freie Entwicklung eines jeden die Bedingung für die freie Entwicklung aller ist.«[47]

Im Kapitalismus bleibt die Freiheit der arbeitenden Menschen ein weitgehend leeres Versprechen; der kleinen Minderheit von Kapitaleignern dagegen werden alle persönlichen Freiheiten und die dazu erforderlichen Ressourcen eröffnet.

Konrad Adenauer schwante allerdings Böses über die weltanschauliche Anziehungskraft des kommunistischen Freiheitsideals auf die *»Einzelmenschen«*:

»Auch ein hoher Lebensstandard allein kann die so gefährliche Kraft des materialistischen Kommunismus nicht überwinden. Wir müssen die religiösen und geistigen Kräfte der abendländischen Welt mobilisieren.«[48]

Zur offenen Repression gegen die Kommunisten blies Adenauer, als sie die Remilitarisierung und den militärischen Aufstieg des neudeutschen Imperialismus gefährdeten. 1951 wurde die Jugendorganisation Freie Deutsche Jugend (FDJ) und 1956 die Kommunistische Partei Deutschlands (KPD) auf dem Gebiet der Bundesrepublik Deutschland verboten. Zigtausenden Kommunisten wurde ihr Status als Verfolgte des Naziregimes und damit ihre Opferrente aberkannt, die

---

[47] Marx/Engels, »Manifest der Kommunistischen Partei«, Werke, Bd. 4, S. 482

[48] Bulletin 1/1955 der Bundesregierung, 4. Januar 1955, www.konrad-adenauer.de

ihnen zustand aufgrund der faschistischen Verfolgung, der Schutzhaft oder KZ-Haft, die sie erlitten hatten. 150 000 bis 200 000 Ermittlungsverfahren wurden ab 1951 gegen tatsächliche oder vermeintliche Kommunisten geführt. 7 000 bis 10 000 Funktionäre der KPD verurteilten westdeutsche Gerichte zu teils hohen Haftstrafen. Tausende wurden enteignet oder verloren ihren Arbeitsplatz. DGB-Gewerkschaften schlossen kommunistische Gewerkschaftsfunktionäre und Betriebsräte aus – nicht etwa, weil sie sich etwas zuschulden kommen ließen, die reformistische Gewerkschaftsbürokratie warf ihnen allein die kommunistische Freiheitsideologie vor, die sie fortan bewusst irreführend als »gewerkschaftsfeindlich« einstufte. Für viele bedeutete das, nunmehr auf schwarzen Listen der Unternehmerverbände zu stehen und kaum mehr eine Anstellung zu finden.

Der von Adenauer beschworene *»Wert des Einzelmenschen«* war demnach gebunden an die Zustimmung zum kapitalistischen Gesellschaftssystem und endete genau dort, wo dieses infrage gestellt wurde.

3.3. Die Herausbildung einer »demokratischen Variante« des Antikommunismus

Aufgrund der Verarbeitung der faschistischen Hitler-Diktatur entwickelte sich ein **tiefes antifaschistisches Bewusstsein unter den Massen** in Deutschland. Das wirkte noch Jahrzehnte als Damm gegen jeden Versuch der Faschisten, wieder Masseneinfluss zu erlangen. Den Herrschenden war klar, dass der offen reaktionäre Antikommunismus Adenauers seine abschreckende Wirkung nur zeitweilig aufrechterhalten konnte. Deshalb wurde es notwendig, neben der wei-

ter eingesetzten offen reaktionären Spielart eine **demokratisch verbrämte Variante des Antikommunismus** zu entwickeln.

Schon 1950 trat Gustav Heinemann (damals noch CDU) als
Bundesinnenminister zurück, weil er die Wiederbewaffnung
der BRD ablehnte. Er warnte davor, *»dass ein blinder Antikommunismus über uns Macht und Herrschaft gewinne. Er
hat uns schon einmal ins Verderben, ja sogar in die Verbrechen
geführt.«*[49]

1952 wurde auf Veranlassung von Konrad Adenauer die
»Bundeszentrale für Heimatdienst« gegründet und dem In-
nenministerium unterstellt. 1963 wurde sie umbenannt in
»Bundeszentrale für politische Bildung«. Seit ihrer Gründung
versucht sie systematisch, über die kostenlose Verbreitung
von Zeitschriften und Büchern dem Antikommunismus ein
modernes, pluralistisches, wissenschaftlich und demokratisch
maskiertes Gesicht zu geben.[50] Dazu dienen die Wochenzei-
tung »Das Parlament«, die Beilage »Aus Politik und Zeitgeschichte« und das als Schulmaterial massenhaft verbreitete
Heft »Informationen zur politischen Bildung«.

Besonderen Wert legte 1955 eine Ministerkonferenz der
Adenauer-Regierung darauf, dass

*»Die christliche Scholastik, der liberale Humanismus oder
der sozialdemokratische Marxismus ... der kommunistischen
Lehre von ganz verschiedenen Standorten entgegen*(treten).*«*[51]
Es gelte *»durch wissenschaftliche Tätigkeit und breite Infor-*

---

[49] Gustav W. Heinemann: »Es gibt schwierige Vaterländer«. Aufsätze und Reden 1919–1969, S. 312, in: Jan Korte, »Instrument Antikommunismus«, S. 90

[50] Rüdiger Thomas, 2015, »Zur Auseinandersetzung mit dem deutschen Kommunismus in der Bundeszentrale für Heimatdienst«

[51] W. Maibaum, Ostkolleg der Bundeszentrale für Heimatdienst, Gründungs-
geschichte und Aufbauphase, Bonn 2004, zitiert nach R. Thomas 2015

mation das deutsche Volk gegen die kommunistische Ideologie zu immunisieren.«[52]

Eine internationale Drehscheibe der Entwicklung eines »demokratischen« Antikommunismus war der von der US-Regierung im Juni 1950 in Berlin organisierte »Congress for Cultural Freedom« (CCF). Dieser »Kongress für Kulturelle Freiheit« war eine illustre Gesellschaft von sozialdemokratischen Politikern, Philosophen der »Frankfurter Schule«, Schriftstellern, Geheimdienstlern der CIA, Trotzkisten und ehemaligen Kommunisten, »liberalen« Journalisten und Künstlern. Sie waren sich in ihrer antikommunistischen Grundauffassung einig. Der CCF sollte insbesondere unter Intellektuellen in Westeuropa und den USA die Sympathien gegenüber dem Sozialismus zersetzen.

Unter seinen Mitgliedern gab es von Beginn an Widersprüche zwischen Vertretern des offen reaktionären Antikommunismus wie Arthur Koestler[53] und »demokratischen« Antikommunisten. Zu diesen gehörten in Westdeutschland Sozialdemokraten wie Willy Brandt, Carlo Schmid und Ernst Reuter, Philosophen der »Frankfurter Schule« wie Theodor Adorno und Herbert Marcuse oder Schriftsteller wie Siegfried Lenz. Der CCF holte sich seine Legitimation unter anderem aus der **Verharmlosung des Faschismus**. In seinem Manifest heißt es:

»Wir halten die Gefahr, die sich im totalitären Staat verkörpert, für um so größer, als die Wirksamkeit seiner Zwangsmittel die aller früheren Despotien der Geschichte (also auch des

---

[52] »Aus Politik und Zeitgeschichte«, Bd. 35/1956

[53] Der österreichisch-ungarische Schriftsteller Arthur Koestler (1905–1983) war sieben Jahre in der kommunistischen Weltbewegung aktiv, bevor er Ende der 1930er-Jahre die Seiten wechselte. Sein antikommunistischer Roman »Sonnenfinsternis« gibt vor, die »Moskauer Prozesse« als vermeintlicher Insider zu behandeln, dabei war Koestler zu diesem Zeitpunkt nicht einmal in der Sowjetunion.

Faschismus! – der Verf.) *übertrifft. ... Die überkommene Form
der ›negativen Tyrannei‹ ist durch eine ›positive Tyrannei‹ abgelöst worden.«*[54]

Was für ein Höhepunkt »kulturell-freiheitlicher« Tatsachen-
verdrehung des »Kongresses für Kulturelle Freiheit«, den sozialistischen Aufbau als Fortsetzung der faschistischen Tyrannei
mit positiven Vorzeichen zu diffamieren. Demagogisch wird
der sogenannte »*totalitäre Staat*« als Schimpfwort gegen den
Sozialismus verwendet. Manchmal werden dem Sozialismus
sogar noch schlimmere »*Zwangsmittel*« untergeschoben als
dem Hitler-Faschismus.

Die »demokratische« Variante des Antikommunismus ist in
ihrem Wesen nicht weniger reaktionär als seine offen reaktionäre Form. Weltanschaulich stützte sich diese Politik auf die
antikommunistische Totalitarismus-Theorie, die Gleichsetzung von Faschismus und Sozialismus, deren Wortführerin
die deutsche Philosophin Hannah Arendt war. Die antikommunistische Volksverhetzung paarte sich mit der romanti-
schen Verklärung des Kapitalismus. Im Gegensatz zum »*totalitären Staat*« seien die kapitalistischen Staaten des Westens
ausschließlich »*der kulturellen Freiheit verpflichtet*«.[55] Nur in
der bürgerlichen Demokratie seien die persönliche Freiheit
des Einzelnen und die Meinungsfreiheit garantiert.

Dass die Mehrheit der Weltbevölkerung ihr Dasein unter
dem Zwang zur Lohnarbeit fristen muss, bleibt bei dieser
idealistischen Werbung für den Kapitalismus selbstredend
unerwähnt. Während der McCarthy-Ära in den USA konnte
jeder erleben, wie wenig von der viel beschworenen Freiheit
des Einzelnen im Kapitalismus noch übrigbleibt, wenn jemand

---

[54] »Manifest des Kongresses für kulturelle Freiheit«, Berlin, 26.–30. Juni
1950

[55] ebenda

sich dem Kampf zur Befreiung von Ausbeutung und Unterdrückung anschließt.

In den USA wurden in den 1950er-Jahren zahlreiche Schauspieler, Regisseure, Kulturschaffende oder Journalisten rigoros verfolgt, die verdächtig waren, der kommunistischen Freiheitsideologie nahezustehen. Niemals allerdings ließ die erlauchte Gesellschaft des CCF Kritik an der antikommunistischen Verfolgung in der McCarthy-Ära vernehmen.

Innerhalb kurzer Zeit etablierte der CCF in über 35 Ländern **Redaktionen** unter seiner Führung: in Westeuropa, im Nahen Osten, Indien, Australien, Lateinamerika und Afrika. Auch in Deutschland erschien mit »Der Monat« eine solche Zeitschrift. Es gab überall auf der Welt Kongresse und Tagungen und der CCF gab insgesamt über 1 000 Bücher heraus. Der Südwestrundfunk kommentiert:

»Wenn es irgendwo auf der Welt galt, den Einfluss des Kommunismus zurückzudrängen, dann war der Kongress für Kulturelle Freiheit zur Stelle.«[56]

Der CCF löste sich 1967 auf, nachdem öffentlich ruchbar wurde, dass er über all die Jahre insgeheim vom amerikanischen Geheimdienst CIA finanziert und von dessen Vertretern gelenkt worden war.

3.4. Der Weg der SPD zur antikommunistischen »Volkspartei«

Für die Etablierung und massenhafte Verbreitung des »demokratischen Antikommunismus« in Westdeutschland steht die Verabschiedung des Godesberger Programms der

---

[56] »Kulturkampf im Kalten Krieg«, SWR2 Wissen, 18. Mai 2018

SPD 1959. Willi Dickhut charakterisiert seine Zielsetzung so, dass *»sich die SPD vor allem mit der Formel vom ›demokratischen Sozialismus‹ in den Augen der Bevölkerung als fortschrittliche Kraft darzustellen* (versucht), *was durch ihre Rolle als Oppositionspartei erleichtert wurde.«*[57]

Die Verfasser des Programmentwurfs wurden angesichts des weiterhin großen Ansehens des Sozialismus und vieler Kritiken am Entwurf nicht müde, immer wieder auf die »unverändert gültigen marxistischen Wurzeln« zu verweisen. Aber diese seien eben »dialektisch angewandt auf die heutige Zeit«. Das hier missbrauchte Wort »dialektisch« sollte jedoch nur den Verrat der SPD am wissenschaftlichen Sozialismus verdecken. Eine infame Heuchelei war es auch, wenn der damalige Parteivorsitzende Erich Ollenhauer das Kommunistische Manifest von Marx und Engels scheinheilig als *»das bewegendste historische Dokument des Freiheitskampfes der Arbeiterbewegung«*[58] würdigte.

In Wahrheit richtete die SPD mit der Wortschöpfung des »demokratischen Sozialismus« den Antikommunismus neu aus. Diese neue Programmatik wurde ausdrücklich mit der Unfähigkeit des seitherigen, offen aggressiven Antikommunismus begründet, wozu es am Schluss des Godesberger Programms hieß:

»Die alten Kräfte erweisen sich als unfähig, der brutalen kommunistischen Herausforderung das überlegene Programm einer neuen Ordnung politischer und persönlicher Freiheit und Selbstbestimmung, wirtschaftlicher Sicherheit und sozialer

---

[57] »Der staatsmonopolistische Kapitalismus in der BRD«, Teil II, S. 59

[58] Protokoll der Verhandlungen des Außerordentlichen Parteitages der Sozialdemokratischen Partei Deutschlands vom 13. bis 15. November 1959 in Bad Godesberg, S. 52

Gerechtigkeit entgegenzustellen. ... Darum ist die Hoffnung der Welt eine Ordnung, die auf den Grundwerten des demokratischen Sozialismus aufbaut«.[59]

In dem Buch »Morgenröte der internationalen sozialistischen Revolution« heißt es, dass der Begriff des »demokratischen Sozialismus«

»schon 1959 ein antikommunistischer Kampfbegriff (war), *der der SPD zu nichts anderem diente, als die vollständige Herausbildung des staatsmonopolistischen Kapitalismus zu verschleiern und den proletarischen Klassenstandpunkt und Klassenkampf zu untergraben.«*[60]

Die Debatten des Godesberger Parteitags befassten sich dementsprechend nicht etwa mit den Lehren, die die Sozialdemokratie aus dem Hitler-Faschismus und der verhängnisvollen Spaltung der Arbeiterbewegung zu ziehen hatte. Das war nicht einmal ein Randthema der Diskussionen. Stattdessen zielte ihre Hauptstoßrichtung gegen den Kommunismus und das nach dem Krieg entstandene sozialistische Lager.

Während die SPD mit diesem Parteitag in Wahrheit die letzten Spurenelemente von Marxismus über Bord warf, erhob sie gleichzeitig im Programm theatralisch ihren Alleinvertretungsanspruch über die sozialistische Tradition:

»Zu Unrecht berufen sich die Kommunisten auf sozialistische Traditionen. In Wirklichkeit haben sie das sozialistische Gedankengut verfälscht. Die Sozialisten wollen Freiheit und

---

[59] Grundsatzprogramm der SPD, beschlossen vom Außerordentlichen Parteitag der Sozialdemokratischen Partei Deutschlands in Bad Godesberg vom 13. bis 15. November 1959, S. 29/30 (www.spd.de/partei/organisation/das-grundsatzprogramm; download 9.3.21)

[60] Stefan Engel, »Morgenröte der internationalen sozialistischen Revolution«, S. 552/553

Gerechtigkeit verwirklichen, während die Kommunisten die Zerrissenheit der Gesellschaft ausnutzen, um die Diktatur ihrer Partei zu errichten.«[61]

Die begnadeten Theoretiker der Programmkommission der SPD hätten lieber nicht die »*Zerrissenheit der Gesellschaft*« beweint, die ja allein Ergebnis der Diktatur der Monopole ist. Statt den von Marx geprägten Begriff der Diktatur des Proletariats durch den von ihm nie verwendeten Begriff der »*Diktatur der Partei*« zu ersetzen, hätten sie besser in der »bewegenden« marxistischen Literatur nachgelesen. Tatsächlich schrieb Karl Marx über die Quintessenz seiner Lehre genau das, was die SPD-Theoretiker in Abrede stellten:

*»Was ich neu tat, war 1. nachzuweisen, daß die **Existenz der Klassen** bloß an **bestimmte historische Entwicklungsphasen der Produktion** gebunden ist; 2. daß der Klassenkampf notwendig zur **Diktatur des Proletariats** führt; 3. daß diese Diktatur selbst nur den Übergang zur **Aufhebung aller Klassen** und zu einer **klassenlosen Gesellschaft** bildet.«*[62]

Mit ihrer revisionistischen Unredlichkeit wollte die SPD nur verdecken, dass sie die sozialistischen Traditionen verriet, um sich beim neudeutschen Imperialismus anzudienen. Unverblümt bekannte sich der damals stellvertretende Bundesvorsitzende der SPD, Herbert Wehner, ehemals Mitarbeiter der Komintern und Mitglied des Zentralkomitees der KPD, der wegen Verrats aus der

---

[61] Protokoll der Verhandlungen des Außerordentlichen Parteitages der Sozialdemokratischen Partei Deutschlands vom 13. bis 15. November 1959 in Bad Godesberg, S. 14

[62] Marx an J. Weydemeyer, 5. März 1852, Marx/Engels, Werke, Bd. 28, S. 508

KPD ausgeschlossen wurde[63], zum Kurswechsel zur Volkspartei:

»Gewiß, ich würde freimütig überall gestehen: Dieses Programm ist ... kein Arbeiterprogramm.«[64]

3.5. Die neue Ostpolitik der SPD und die Gründung der DKP

Die Restauration des Kapitalismus in der Sowjetunion nach 1956[65] und dann auch in den Ländern des damaligen »Rats für Gegenseitige Wirtschaftshilfe« (RGW)[66] eröffneten dem neudeutschen Imperialismus Chancen der wirtschaftlichen Zusammenarbeit. Das war für einen maßgeblichen Teil der deutschen Monopole der Ausgangspunkt einer Neuausrichtung der Außenpolitik. Die offen revanchistische, aggressiv antikommunistische Ausrichtung taugte nicht für eine wirtschaftliche Zusammenarbeit. Ende der 1960er-Jahre kam es daher zur Einleitung einer neuen Ostpolitik.

---

[63] Aus Wehners Verantwortungsbereich als damaliges ZK-Mitglied der KPD wurden unter anderem im damaligen Exil in Schweden auf zunächst unerklärliche Weise immer wieder Genossen – auch in Deutschland – verhaftet und zum Teil von den Nazis ermordet. Als er selbst von der schwedischen Polizei verhaftet wurde, gab er viele Verbindungen und Genossen preis.

[64] Protokoll der Verhandlungen des Außerordentlichen Parteitages der Sozialdemokratischen Partei Deutschlands vom 13. bis 15. November 1959 in Bad Godesberg, S. 100

[65] mehr dazu siehe S. 173 folgende (Abschnitt I.5)

[66] RGW: Rat für Gegenseitige Wirtschaftshilfe, wurde 1949 gegründet mit dem Ziel, Handel und gegenseitige Unterstützung zwischen den Ländern des sozialistischen Lagers auf gleichberechtigter Grundlage zu organisieren. Mit der Restauration des Kapitalismus in der Sowjetunion verwandelten die revisionistischen Führer den RGW zu einem Instrument der neokolonialen Ausbeutung der RGW-Länder durch die Sowjetunion.

Diese politischen Veränderungen gingen einher mit Modifizierungen der bürgerlichen Ideologie: So tauchte etwa um 1960 die »Konvergenztheorie« auf. Diese behauptet, dass die industrielle Revolution *»die Unterschiede beider Systeme allmählich aufhebt und zu einer gemeinsamen Industriegesellschaft zusammenfließen läßt.«*[67]

Aber auch der Begriff der »Industriegesellschaft« konnte nicht die Tatsache aus dem Weg räumen, dass in Deutschland über 70 Prozent der Bevölkerung der Arbeiterklasse angehören und dass diese im antagonistischen Widerspruch zu den kapitalistischen Ausbeutungsverhältnissen steht, vor allem zu der Handvoll herrschender internationaler Monopole.

Der ehemalige US-Präsidentenberater Zbigniew Brzezinski entwickelte dazu passend eine Evolutionstheorie. Sie *»geht von einer Wandlung des sozialistischen Systems aus und von der Möglichkeit der Vereinigung auf kapitalistischer Grundlage.«*[68]

Eine Versöhnung zwischen Kapitalismus und Sozialismus ist jedoch genauso wenig möglich wie die Versöhnung von bürgerlicher und proletarischer Ideologie. Vereinigt sich ein sozialistisches Land mit dem Kapitalismus, ändert es seinen Charakter, selbst wenn es zur Tarnung eine mit marxistisch-leninistischen Phrasen verbrämte pseudosozialistische Fassade aufrechterhält. Versöhnen lassen sich höchstens der restaurierte bürokratische staatsmonopolistische Kapitalismus neuen Typs in den ehemals sozialistischen Ländern und der staatsmonopolistische Kapitalismus in den westlichen imperialistischen Ländern.

---

[67] Willi Dickhut, »Die Restauration des Kapitalismus in der Sowjetunion«, S. 303

[68] ebenda, S. 310

1966 wurde Willy Brandt im Rahmen einer Großen Koalition unter CDU-Kanzler Kiesinger zum Außenminister gekürt. Er wurde zum Hoffnungsträger einer vermeintlichen Aussöhnung mit dem Osten.

In einer reaktionär aufgeheizten politischen Stimmung verübte am 11. April 1968 ein junger Neonazi einen faschistischen Mordanschlag auf den damaligen Studentenführer Rudi Dutschke. Das löste Straßenunruhen aus, und es kam zur blutigen Konfrontation der Studentenbewegung mit der Polizei. Der damalige SPD-Justizminister Gustav Heinemann warf besorgt die Frage auf,

> *»was wir selber in der Vergangenheit dazu beigetragen haben könnten, daß ein Antikommunismus sich bis zum Mordanschlag steigerte und daß Demonstranten sich in Gewalttaten der Verwüstung bis zur Brandstiftung verloren haben.«*[69]

Unter seiner wesentlichen Mitwirkung und moderiert von seinem Staatssekretär Horst Ehmke (beide SPD) wurde 1968 die Zulassung der revisionistischen Deutschen Kommunistischen Partei (DKP) erwirkt. Das und eine Generalamnestie für Kommunisten hob aber nur scheinbar das 1956 von der Adenauer-Regierung betriebene KPD-Verbot auf.

In konspirativen Sitzungen wurde stattdessen ein Kuhhandel mit führenden Funktionären der künftigen DKP ausgehandelt. Die DKP akzeptierte drei zentrale Auflagen für ihre Legalisierung: Verzicht auf wesentliche marxistisch-leninistische Grundpositionen wie zur Diktatur des Proletariats, Zustimmung zum Grundgesetz der Bundesrepublik Deutschland als Arbeitsgrundlage der Partei, Ausscheiden führender Repräsentanten der KPD und Ersetzen des Führungspersonals durch neue Gesichter.

---

[69] Bundeszentrale für politische Bildung, »Zeiten des Wandels, Deutschland 1961–1974«, Informationen zur Politischen Bildung, Heft 258

Das war ein Schlag ins Gesicht aller aufrechten Kommunisten. Der KPD-Vorsitzende Max Reimann, der zwar weltanschaulich selbst auf revisionistischem Kurs segelte, forderte immerhin statt des Kuhhandels eine Kampagne zur Aufhebung des KPD-Verbots. Da die Bundesregierung aus grundsätzlichen Erwägungen keinesfalls auf das KPD-Verbot verzichten wollte, verwarfen die führenden Revisionisten der SED und KPD Reimanns Vorschlag.

Der Kniefall der modernen Revisionisten vor dem neudeutschen Imperialismus besiegelte unwürdig und endgültig die Auflösung der KPD. Über Jahrzehnte hatte sie als revolutionäre Partei der Arbeiterklasse und den breiten Massen eine sozialistische Orientierung vermittelt und dafür einen ungeheuren Blutzoll bezahlt. Die KPD war jedoch vorher bereits im Sog der SED nach und nach revisionistisch entartet und konnte nicht mehr gerettet werden.

Die prinzipielle Kritik am revisionistischen Verrat und am opportunistischen Kuhhandel bei der Gründung der DKP wurde zum Ausgangspunkt des Neuaufbaus einer revolutionären marxistisch-leninistischen Arbeiterpartei in Deutschland.

Der Neuaufbau dieser Partei war von Anfang an von massiven Behinderungen und Einschränkungen ihrer Rechte begleitet. Auch 65 Jahre nach dem immer noch gültigen KPD-Verbot wird die MLPD mit Repressionen und Einschränkungen ihrer demokratischen Rechte und Freiheiten überzogen. Eine staatliche Medienzensur vor allem in Radio und Fernsehen, Unvereinbarkeitsbeschlüsse in Gewerkschaften, im Deutschen Frauenrat oder im Deutschen Bundesjugendring zielen darauf ab, sie in der Öffentlichkeit zu isolieren.

1969 ersetzte eine sozialliberale SPD/FDP-Regierung Brandt/Scheel die Regierung der Großen Koalition. Sie trat ihr Amt an mit Versprechungen wie: *»das solidarische Bemü-*

hen zu einer Entspannung in Europa« und »wir wollen mehr Demokratie wagen«.[70]

Noch heute genießt Willy Brandt großes Ansehen; denn er verstand es wie kaum ein anderer Monopolpolitiker, reaktionäre Politik mit pseudofortschrittlichem Gebaren zu verschleiern.

Das hinderte die Brandt/Scheel-Regierung jedoch nicht daran, »Radikalenerlasse« gegen Marxisten-Leninisten oder DKP-Mitglieder im Öffentlichen Dienst zu beschließen. Nach 3,5 Millionen Überprüfungen wurden 11 000 Verfahren eröffnet und 1 500 Berufsverbote erteilt. Marxisten-Leninisten wurden als Linksextremisten diffamiert und vom Verfassungsschutz beobachtet. Im Mai 1968 verabschiedete die Große Koalition Notstandsgesetze. Sie wurden durchgepeitscht gegen befürchtete revolutionäre Erhebungen, »Anti-Terror-Gesetze« betrieben eine Faschisierung des Staatsapparats. Der »demokratische« Antikommunismus Willy Brandts erwies sich in der Praxis als ebenso reaktionär wie seine offen reaktionäre Variante.

3.6. Der »kritische Antikommunismus« der »Frankfurter Schule«

In den 1960er-Jahren entstand in Deutschland eine kleinbürgerliche Studentenbewegung, die sich »außerparlamentarische Opposition« (APO) nannte. In Frankreich kam es 1968 zu einer akut revolutionären Situation mit bis zu zehn Millionen streikenden, Fabriken besetzenden und teils mit der Polizei kämpfenden Arbeiterinnen und Arbeitern. Diese

---

[70] Regierungserklärung Willy Brandt, Deutscher Bundestag, 28. 10. 1969, S. 20 und S. 31

Kämpfe standen in enger Verbindung mit der Rebellion der antiautoritären Studentenbewegung.

Die Große Proletarische Kulturrevolution in China beflügelte die rebellierende Jugend weltweit. In großen bürgerlichen Zeitungen wie der Frankfurter Rundschau, der Süddeutschen Zeitung oder im Wochenmagazin Der Spiegel erschienen sachliche, zum Teil auch wohlwollende Artikel zur Kulturrevolution, was zum hohen Ansehen Mao Zedongs in der Öffentlichkeit beitrug.

Ende der 1960er-Jahre standen die indochinesischen Völker in ihrem Volkskrieg kurz davor, der imperialistischen Aggression der USA eine historische Niederlage beizubringen. So übte die kommunistische Befreiungsideologie eine enorme Anziehung auf die rebellierende Jugend aus. Der Marxismus-Leninismus, die Mao-Zedong-Ideen und auch andere revolutionäre Theorien kamen unter der Jugend regelrecht in Mode. Die bürgerlichen Parteien, die reaktionäre Regierungspolitik und reaktionäre Medien wie die Bild-Zeitung gerieten ins Kreuzfeuer der Kritik. Der Antikommunismus verlor zusehends an abschreckender Wirkung.

Das wurde zur Stunde der »Frankfurter Schule« mit ihrer »Kritischen Theorie«. Die »Frankfurter Schule« war 1923 als »Institut für Sozialforschung« von Theodor Adorno und Max Horkheimer in Frankfurt gegründet und unter anderem zusammen mit Herbert Marcuse aufgebaut worden. Ein Großteil der Repräsentanten der »Frankfurter Schule« emigrierte während des Hitler-Faschismus in die USA. Sie kehrten 1951 samt dem »Institut für Sozialforschung« zurück, »um ... ›die intellektuelle Gründung der Bundesrepublik‹ zu bewirken.«[71] Der herausragende Beitrag der »Frankfurter Schule« zur »in-

---

[71] www.tagesspiegel.de, 17.3.2017

tellektuellen Gründung der Bundesrepublik« war die **Schaffung weltanschaulicher Grundlagen für die Herausbildung eines »modernen« Antikommunismus**.

Entgegen dem international verbreiteten Nimbus der »Frankfurter Schule«, die Ideen von Marx scheinbar modern auszulegen, attackierte sie von Beginn an zentrale Grundpositionen der marxistischen Erkenntnistheorie. Für die deutschen Verfechter allzu offenherzig erläuterte der US-amerikanische Anhänger der »Kritischen Theorie«, Paul Piccone[72], im Jahr 1977, dass *»unsere historische Funktion darin bestand, dem Marxismus ein anständiges Begräbnis zu bereiten.«*[73]

Adorno behauptete in seiner 1944 bis 1947 verfassten Schrift »Minima Moralia« in bewusster Gegnerschaft zu Hegel und Marx: *»Das Ganze ist das Unwahre«*.[74] Damit erklärte er die Welt als nicht existent. Entsprechend könne es auch keine Theorie über das ganze Weltgeschehen geben, man könne höchstens Teilwahrheiten herausfinden. Den Anspruch des wissenschaftlichen Sozialismus auf eine allseitige wissenschaftliche Welterkenntnis durch die bewusste Anwendung der dialektisch-materialistischen Methode diffamierten Vertreter der »Frankfurter Schule« als *»totalitär«*.

Die »Kritische Theorie« wurde aufwändig medial und an den Universitäten als »Theorie der Rebellion« verbreitet. Der rebellierenden Studentenschaft schien sie subjektiv die theoretische Orientierung zu geben, nach der sie im Kampf gegen

---

[72] Paul Piccone war zeitweise ein bekannter Vertreter der »Kritischen Theorie« in den USA, der nach seinem offenen Angriff auf den Marxismus als Herausgeber der Zeitschrift »Telos« in den 1980er-Jahren zum Förderer der »Neuen Rechten« wurde.

[73] Hannes Schwenger, »Von der Kritischen Theorie zum Populismus«, Tagesspiegel vom 17.3.2017

[74] Theodor W. Adorno, »Minima Moralia«, S. 55

das »Establishment« und aufgrund ihrer wachsenden Kritik
an den Erscheinungen der Restauration des Kapitalismus in
der Sowjetunion und der DDR suchte. Der Philosoph Herbert
Marcuse griff die sich ausbreitende Kritik scheinbar auf und
schrieb in seinem Buch »Der eindimensionale Mensch«:

> »Die Technik dient dazu, neue, wirksamere und angeneh-
> mere Formen sozialer Kontrolle und sozialen Zusammen-
> halts einzuführen. Die totalitäre Tendenz dieser Kontrollen
> scheint sich noch in einem anderen Sinne durchzusetzen ...
> daß sie Ähnlichkeiten in der Entwicklung von Kapitalismus
> und Kommunismus hervorbringt.«[75]

Marcuse kritisierte nicht etwa die Restauration des
Kapitalismus in der Sowjetunion oder der DDR, sondern verurteilte ebenso wie die übrigen bürgerlichen Ideologen den Sozialismus schlechthin als »totalitäres« System. Dabei bediente
er sich der Methode, den grundlegenden Unterschied von Kapitalismus und Sozialismus zu verwischen. Die »Ähnlichkeiten
in der Entwicklung von Kapitalismus und Kommunismus«,
die Marcuse entdeckt haben wollte, waren in Wahrheit Ähnlichkeiten in den Wirkungen des restaurierten bürokratischen
staatsmonopolistischen Kapitalismus neuen Typs in der Sowjetunion oder der DDR mit dem staatsmonopolistischen Kapitalismus westlicher Prägung.

In der erstmals 1971/1972 erschienenen Analyse »Die Restauration des Kapitalismus in der Sowjetunion« klärte Willi
Dickhut stattdessen darüber auf,

> »daß diese Entwicklung mit der Machtübernahme der Büro-
> kratie unter Führung Chruschtschows auf dem XX. Parteitag
> der KPdSU begann. Sind die kapitalistischen Gesetzmäßigkei-

---

[75] Herbert Marcuse, »Der eindimensionale Mensch«, S. 18

ten erst einmal eingeführt, so wirken sie automatisch, mit all den Folgen und Auswüchsen, wie sie auch im Kapitalismus des Westens bekannt sind.«[76]

Zur Geschichtsklitterung der Repräsentanten der »Frankfurter Schule« gehörte auch, die Verleumdung Stalins in Chruschtschows Geheimrede auf dem XX. Parteitag der KPdSU kritiklos nachzubeten. Mehr noch, Max Horkheimer setzte den Sozialismus unter Führung Stalins dreist mit dem Terror des Hitler-Faschismus gleich.[77]

Die Philosophen der »Frankfurter Schule« waren ideale **Kronzeugen für den »kritischen« Antikommunismus**: attraktiv mit kapitalismuskritischen Positionen versehen bei gleichzeitiger Entstellung der Theorie des Marxismus-Leninismus und Verleumdung des sozialistischen Aufbaus der Sowjetunion zur Zeit Stalins.

Die Protagonisten der »Frankfurter Schule« – Max Horkheimer, Theodor Adorno, Herbert Marcuse und in der zweiten Generation Jürgen Habermas oder Oskar Negt – erhielten nicht zufällig mithilfe der bürgerlichen Massenmedien gesellschaftlichen Einfluss, vor allem auf die Rebellion der Jugend.

Das lag zum einen an ihren Theorien, die der kleinbürgerlichen Denkweise in der Schüler- und Studentenschaft entgegenkamen. Zum anderen hob sich gerade Herbert Marcuse in seiner Lebensgeschichte und seinem Auftreten auffällig von den erzreaktionären bürgerlichen Professoren an den Hochschulen und von den Politikern der Bonner

---

[76] »Die Restauration des Kapitalismus in der Sowjetunion«, Vorwort zur zweiten, erweiterten Neuauflage 1988, S. 11

[77] Max Horkheimer in: Der Spiegel vom 5. 1. 1970 »Was wir ›Sinn‹ nennen, wird verschwinden«

Parteien ab.[78] Die theoretischen Ausarbeitungen Marcuses bezogen sich jedoch allesamt und zu jedem Zeitpunkt auf die Revision des Marxismus – unter der irreführenden Flagge seiner Weiterentwicklung. Sie richteten sich vor allem gegen die revolutionäre Rolle der Arbeiterklasse im Kampf um den Sozialismus. So schrieb er im Jahr 1938:

*»Es zeigt sich, daß die **Individuen**, welche zur Einordnung in den antagonistischen Arbeitsprozeß erzogen worden sind, nicht Richter über ihr Glück sein können. Sie **sind an der Erkenntnis ihres wahren Interesses verhindert**. So kann es geschehen, daß sie ihren Zustand als glücklich bezeichnen und sich ohne äußeren Zwang zu dem System bekennen, das sie unterdrückt.«*[79]

Im Klartext: Die Lohnarbeiterinnen und Lohnarbeiter, die gezwungen sind, ihre Arbeitskraft an die Kapitalisten zu verkaufen, um zu leben, sind nach Marcuse nicht imstande, ihre eigene Lage zu begreifen. Schon Marx und Engels betonten, dass das Bewusstsein der Arbeiterklasse zwangsläufig von den Herrschenden beeinflusst wird, weil *»die herrschenden Ideen einer Zeit ... stets nur die Ideen der herrschenden Klasse«* sind.[80] Das gilt vor allem in Zeiten einer nichtrevolutionären

---

[78] Herbert Marcuse (1898-1979) war schon jung in den Arbeiter- und Soldatenräten der Novemberrevolution 1918 in Deutschland aktiv geworden. Er trat nach der Ermordung Rosa Luxemburgs und Karl Liebknechts 1919 aus der SPD aus, blieb jedoch außerhalb der kommunistischen Bewegung und entwickelte eine kleinbürgerliche Kapitalismuskritik. Nach seiner Emigration 1933 arbeitete er während des Kriegs für den US-Geheimdienst im Kampf gegen den Hitler-Faschismus. Nach Kriegsende erstellte er bis Anfang der 1950er Jahre weiterhin im US-Auftrag politische Analysen der sowjetischen Politik und wurde »Teil der geistigen Feindabwehr im Kalten Krieg« (Die Welt, 3.3.2011, S. 3). Als Professor in den USA erlangte er mit seinem Auftreten gegen den Vietnamkrieg Einfluss auf die Studentenbewegung.

[79] »Zur Kritik des Hedonismus«, Zeitschrift für Sozialforschung, VII. Jahrgang, 1938, Doppelheft 1/2, S. 80

[80] »Manifest der Kommunistischen Partei«, Marx/Engels, Werke, Bd. 4, S. 480

Situation und einer relativ krisenfreien gesellschaftlichen Entwicklung. Wenn sich historisch neue Erscheinungen und wesentliche Veränderungen herausbilden, vor allem krisenhafte gesellschaftliche Entwicklungen, muss das Bewusstsein der Massen – mithilfe der marxistisch-leninistischen Partei – erst in Übereinstimmung mit dieser neuen materiellen Realität kommen. 1894 schrieb Friedrich Engels:

»Massenbewegungen sind im Anfang notwendig konfus; konfus, weil alles Massendenken sich zuerst in Widersprüchen, Unklarheiten, Zusammenhanglosigkeiten bewegt«.[81]

Letztlich gilt aber das materialistische Grundgesetz von der Widerspiegelung der objektiven Realität im Bewusstsein: Das Sein bestimmt das Bewusstsein. Dazu führten Karl Marx und Friedrich Engels im Kommunistischen Manifest aus:

»Bedarf es tiefer Einsicht, um zu begreifen, daß mit den Lebensverhältnissen der Menschen, mit ihren gesellschaftlichen Beziehungen, mit ihrem gesellschaftlichen Dasein, auch ihre Vorstellungen, Anschauungen und Begriffe, mit einem Worte auch ihr Bewußtsein sich ändert?«[82]

Nebenbei bemerkt musste schon mit Blindheit geschlagen sein, wer im Jahr 1938 der gesamten Arbeiterklasse trotz des stürmischen sozialistischen Aufbaus in der Sowjetunion, der weltweit mit ihr solidarischen Arbeiterbewegung, der entwickelten Klassenkämpfe und des Kampfs gegen Faschismus und Krieg *»glückliche Unterwerfung unter Ausbeutung und Unterdrückung«* unterstellte.

Die überhebliche These, dass die Massen durch ihr unwiderruflich angepasstes Bewusstsein selbst die kapitalistische Gesellschaft reproduzieren, blieb auch für die Nachkriegsgeschichte der »Frankfurter Schule« kennzeich-

---

[81] »Zur Geschichte des Urchristentums«, Marx/Engels, Werke, Bd. 22, S. 460

[82] Marx/Engels, Werke, Bd. 4, S. 480

nend. Max Horkheimer und Theodor Adorno fassten in ihrem Hauptwerk bereits 1947 zusammen:

»Die Ohnmacht der Arbeiter ist nicht bloß eine Finte der Herrschenden, sondern die logische Konsequenz der Industriegesellschaft.«[83]

Die besondere Methode der »Kritischen Theorie« ist, Versatzstücke des Marxismus beizubehalten, um hinter dieser Fassade den revolutionären Kern des Marxismus als nicht mehr zeitgemäß zu verunglimpfen. So bezieht sich Marcuse durchaus auf die Klassenscheidung zwischen Bourgeoisie und Proletariat im Kapitalismus, nur um dann »zeitgemäß« die historische Rolle des Proletariats als revolutionäres Subjekt zu leugnen. In seinem Hauptwerk »Der eindimensionale Mensch« schrieb er 1967:

»In der kapitalistischen Welt sind sie noch immer die grundlegenden Klassen. Die kapitalistische Entwicklung hat jedoch die Struktur und Funktion dieser beiden Klassen derart verändert, daß sie nicht mehr die Träger historischer Umgestaltung zu sein scheinen.«[84]

Diese These schmeichelte der rebellierenden Studentenschaft und ihren Führern: Wer, wenn nicht sie, sollte dann führende Kraft und revolutionäres Subjekt sein?

Die großspurige Kritik der »Frankfurter Schule« am angeblich systemimmanenten reaktionären Bewusstsein der Arbeiter dient letztlich nur der Rechtfertigung eines **Führungsanspruchs der kleinbürgerlichen Intellektuellen**.

Genährt wurde der kleinbürgerliche Führungsanspruch zusätzlich dadurch, dass der wissenschaftliche Sozialismus in der Arbeiterbewegung aufgrund der antikommunistischen

---

[83] Adorno/Horkheimer, »Dialektik der Aufklärung. Philosophische Fragmente«, 1947, phoenix.blogsport.de

[84] Herbert Marcuse, »Der eindimensionale Mensch«, S. 15

Adenauer-Reaktion und des Verbots der KPD sowie der Wirkung der jahrzehntelangen Hochkonjunktur und der Reformen von oben weitgehend aus dem öffentlichen Bewusstsein verdrängt war. Statt dieser wissenschaftlichen Erklärung interpretierte die »Kritische Theorie« die relative Ruhe im Klassenkampf fälschlich als »Systemintegration der Arbeiter« und vollständigen Verlust ihres revolutionären Potenzials.

Die Theorie der »Zivilgesellschaft« von Jürgen Habermas

Als der Nimbus der »führend revolutionären Studentenschaft« zerstob, entwickelte die zweite Generation der »Frankfurter Schule«, namentlich Jürgen Habermas, einen neuen vermeintlich gesellschaftsverändernden Hauptakteur: die »Zivilgesellschaft«.

Diese kleinbürgerliche Theorie wollte die Klassengesellschaft umdeuten in eine Gesellschaft von Menschen, die sich aus *»spontan entstandenen Vereinigungen, Organisationen und Bewegungen zusammen*(setzt)«[85], um mögliche Gestaltungsräume auszunutzen. Dazu brauchte es keinen Klassenkampf mehr. Deshalb wurde das Konzept auch international von zahlreichen bürgerlichen Politikern und Institutionen aufgegriffen. Zur organisierenden und verändernden Kraft erkoren sie vor allem die Nichtregierungsorganisationen (NGOs).

Jürgen Habermas forderte von seiner *»Zivilgesellschaft«*, dass sie ausschließlich *»problemlösend«*[86] agiert: für pragmatische, reformistische Lösungen. Er schwor seine Anhänger darauf ein, man könne allenfalls *»Einfluß erwerben, nicht politische Macht«*.[87] Dies entsprach der defätistischen Grund-

---

[85] Jürgen Habermas, »Faktizität und Geltung«, S. 443

[86] ebenda

[87] ebenda, S. 449

linie der »Frankfurter Schule«, die Gesellschaft nicht mehr revolutionär verändern zu können und zu wollen, sondern im Rahmen des Systems kleine Brötchen zu backen. Sichtlich demoralisiert klagte Marcuse,

> »man (sehe) *sich einer Machtkonzentration gegenüber, gegenüber der selbst das freieste Bewußtsein als lächerlich und ohnmächtig erscheint.*«[88]

Von aller hochtrabenden Kapitalismuskritik bleibt am Schluss nur der jämmerliche Kleinmut, vermeintliche Nischen in der kapitalistischen Gesellschaft zu nutzen. Es gibt aber keine Nischen, die nicht der Herrschaft des allein herrschenden internationalen Finanzkapitals unterworfen wären. Real vorhanden sind hart erkämpfte demokratische Rechte und Freiheiten und die Möglichkeit, in diesem Rahmen den Kampf um Reformen als Schule des Klassenkampfs zu führen und die Bewusstseinsbildung für den revolutionären Sturz des Kapitalismus voranzutreiben. Das Einleben in den Nischen der Gesellschaft ist deshalb nichts anderes als das kleinbürgerliche Streben, sich mit dem Kapitalismus angenehm auszusöhnen.

Es gibt keinen Zweifel, dass die kleinbürgerlichen Theorien der »Frankfurter Schule« maßgeblichen Einfluss auf die rebellierende Studentenschaft bekamen. Der Adorno-Schüler, Professor Detlev Claussen, resümiert:

> »*Es war wichtig, einen Weg zu finden, der weder in den Terrorismus noch zur Mitarbeit in marxistisch-leninistischen Kaderparteien, sprich K-Gruppen, führte. Das wurde einem durch die Auseinandersetzung mit Adorno erleichtert.*«[89]

---

[88] Diskussion zu »Das Ende der Utopie«, www.irwish.de/PDF/Marcuse/ Marcuse-Das_Ende_der_Utopie, S. 12

[89] »Flaschenpost statt Scheinrevolution« – Ein Interview mit Detlev Claussen über Adorno, Lenin und die Studentenbewegung, 21. 3. 2017, in: Die Platypus Review Ausgabe #8/2018) (www.platypus1917.org)

Bis heute wirken die Auffassungen und Methoden der »Frankfurter Schule« unter einer ganzen Generation von Intellektuellen, kleinbürgerlichen Linken und bürgerlichen Politikern mit fortschrittlichem Anspruch.

Große Teile der dann entstehenden kleinbürgerlichen »ML-Bewegung« waren von ihr beeinflusst. Mit ihrem Scheitern und ihrer Auflösung bis Anfang der 1980er-Jahre konnte der »linke« Antikommunismus der »Frankfurter Schule« einen späten Teilsieg davontragen. Doch die Hoffnung, *»dem Marxismus ein anständiges Begräbnis zu bereiten«*, scheiterte: Mit der Gründung der MLPD 1982 hat sich die proletarische Linie gegen die kleinbürgerliche Denkweise auch der »Frankfurter Schule« durchgesetzt.

3.7. Die kleinbürgerliche »ML-Bewegung« und der Antikommunismus der »Grünen«

Ausgehend vom Niedergang der kleinbürgerlichen Studentenbewegung Ende der 1960er-Jahre, der Anziehungskraft der Großen Proletarischen Kulturrevolution in China, der internationalen Solidarität mit dem Befreiungskampf des vietnamesischen Volks gegen den US-Imperialismus und der Verarbeitung der Restauration des Kapitalismus in der Sowjetunion entstand eine »marxistisch-leninistische Bewegung« (»ML-Bewegung«). Sie hatte die Eierschalen der antiautoritären Studentenbewegung noch nicht abgelegt und war von Anfang an weitgehend kleinbürgerlich geprägt. Auf ihrem Höhepunkt in der ersten Hälfte der 1970er-Jahre umfasste sie in Deutschland immerhin Zehntausende vor allem Oberschüler und Studenten, einige hundert Lehrlinge sowie eine kleine Minderheit von revolutionären Arbeitern und wenigen Funktionären, die den Weg der revisionistischen Entartung der alten KPD nicht mitgegangen waren.

In der »ML-Bewegung« tobte von Anfang an ein heftiger Kampf zwischen einer kleinbürgerlichen Linie und der proletarischen Linie des Neuaufbaus einer revolutionären Arbeiterpartei neuen Typs.

Ende der 1970er-Jahre lösten sich die meisten Organisationen der kleinbürgerlichen »ML-Bewegung« auf. Wer hier eine kritisch-selbstkritische Untersuchung erwartete, hatte weit gefehlt! Dabei wären die ehemaligen Marxisten-Leninisten auf ihren kleinbürgerlichen Führungsanspruch und ihre Arroganz gegenüber der Arbeiterklasse als Ursache ihres Scheiterns gestoßen und auch auf ihr Sektierertum und ihren Opportunismus sowie ihre dogmatische Unfähigkeit, den Marxismus-Leninismus zu begreifen und auf die konkrete Wirklichkeit anzuwenden.

Um von ihrer Kapitulation abzulenken, machten sie stattdessen den Marxismus-Leninismus und seine Prinzipien verantwortlich. So behauptete Joscha Schmierer, langjähriger Vorsitzender des Kommunistischen Bunds Westdeutschlands (KBW), der damals größten Organisation der »ML-Bewegung« mit einigen tausend Mitgliedern, der **demokratische Zentralismus** habe »*nach unten‹ repressiv*« gewirkt und eine Atmosphäre erzeugt, »*in der die strittigen Themen gemieden*« wurden, »*bis die Einheit der Organisation auf dem Spiel*« stand.[90]

Das mag für den KBW durchaus gelten! Von Anfang an wurden in dieser Organisation demokratisch-zentralistische Prinzipien durch kleinbürgerliche Herrschsucht und individuellen Führungsanspruch ersetzt. Das hatte mit der Verwirklichung des marxistisch-leninistischen Organisationsprinzips, des demokratischen Zentralismus, nichts zu tun.

---

[90] Joscha Schmierer: »›K-Gruppen‹ oder: Die kurze Blüte des westdeutschen Maoismus« in: Landgrebe/Plath (Hg.), »'68 und die Folgen«, S. 52

Die von der gescheiterten kleinbürgerlichen »ML-Bewegung« verbreitete Behauptung vom »repressiven Organisationsprinzip des demokratischen Zentralismus« wurde von den Herrschenden wohlwollend aufgegriffen. Folgende Legende wird in verschiedenen Varianten verbreitet:

Mit der Festlegung des demokratischen Zentralismus auf dem X. Parteitag der Kommunistischen Partei Russlands (Bolschewiki) KPR (B) 1921 würden abweichende, oppositionelle Ansichten und Meinungen in der Partei unterdrückt. Der demokratische Zentralismus lege die Grundlagen für Machtmissbrauch und willkürliche Maßregelungen bis hin zur Liquidierung von Mitgliedern und Funktionären der Partei.

Davon abgesehen, dass dieses Organisationsprinzip – wenn auch unter anderem Namen – bereits von Marx und Engels entwickelt und in der internationalen kommunistischen und Arbeiterbewegung praktiziert wurde[91], hat diese in der gesamten antikommunistischen Literatur kolportierte Darstellung nichts mit den realen Beschlüssen des X. Parteitags der KPR(B) zu tun.

Dieser Parteitag fand in einer Situation statt, in der das Land durch den imperialistischen Krieg und den soeben beendeten Bürgerkrieg wie nie zuvor zerstört und ausgeblutet war. Massenhaft strömten neue Mitglieder unterschiedlicher weltanschaulicher Herkunft in die kommunistische Partei; zahlreiche Plattformen sowie untereinander zerstrittene und sich gegenseitig übertrumpfende Fraktionen entstanden. Lenin kämpfte auf dem X. Parteitag leidenschaftlich und mit großem Erfolg um eine schlagkräftige, auf eine klare politische Linie vereinheitlichte Partei.

---

[91] Marx/Engels, Werke, Bd. 4, S. 596 und 598 sowie Marx/Engels, Werke, Bd. 18, S. 681/682

Wenn er sich in dieser Situation entschieden für die sofor-
tige Beendigung jeglicher Fraktionen einsetzte, so bedeutete
das keineswegs Einstellung oder gar Unterdrückung der Demokratie. Im Gegenteil! Ausdrücklich wurde die notwendige
dialektische Einheit von umgehender Beendigung der Fraktionen einerseits und Förderung der Demokratie für *alle* Parteimitglieder sowie schnellste Befassung sämtlicher Kritiken
durch die leitenden Gremien andererseits beschlossen. So hieß
es in Lenins Text »Ursprünglicher Entwurf der Resolution des
X. Parteitags der KPR über die Einheit der Partei«:

> »*Die Partei muß wissen ... daß die Partei, bei rücksichtsloser
> Zurückweisung unsachlicher und fraktioneller Scheinkritik,
> nach wie vor unermüdlich, unter Erprobung neuer Methoden,
> mit allen Mitteln gegen den Bürokratismus, für die Erweite-
> rung des Demokratismus, der Initiative, für die Aufdeckung,
> Entlarvung und Vertreibung der Leute, die sich in die Partei
> eingeschlichen haben, usw. kämpfen wird.*«[92]

Die wichtigen Fragen seien eben nicht in Fraktionen zu
diskutieren und in Plattformen festzuhalten, »*sondern ... der
unmittelbaren Behandlung durch alle Parteimitglieder zuzu-
leiten. Zu diesem Zweck verfügt der Parteitag, regelmäßiger
den* ›*Diskussiony Listok*‹[93] *und besondere Sammelbände he-
rauszugeben, wobei unermüdlich darauf hinzuwirken ist, daß
die Kritik rein sachlich geführt wird* «.[94]

Was einen angeblichen Freibrief für Maßregelungen oder
gar Liquidierungen von unliebsamen Kritikern angeht, so
entpuppt sich das als verleumderisches antikommunistisches
Schauermärchen, was in den leicht zugänglichen Entwürfen

---

[92] Lenin, Werke, Bd. 32, S. 248

[93] Zeitweiliges Diskussionsblatt, herausgegeben vom ZK der KPR (B)

[94] Lenin, Werke, Bd. 32, S. 247

Lenins für den Parteitag nachzuprüfen ist. Als Höchststrafe für die verbotene Fortsetzung von Fraktionen beschloss der Parteitag die Zurückversetzung von ZK-Mitgliedern in den Kandidatenstatus und in besonders schweren Fällen den Ausschluss aus der Partei. Vor der Entscheidung über einen solchen Antrag lagen hohe Hürden:

»Die Anwendung dieser äußersten Maßnahme gegen Mitglieder des ZK, Kandidaten des ZK und Mitglieder der Kontrollkommission ist an die Bedingung geknüpft, daß ein Plenum des ZK einberufen wird, zu dem alle Kandidaten des ZK sowie alle Mitglieder der Kontrollkommission geladen werden.«[95]

Die auf den Beschlüssen des X. Parteitags fußende Praxis des sozialistischen Aufbaus in der Sowjetunion der 1920er-Jahre war dementsprechend eben nicht von ausufernder Repression, sondern von einem außerordentlichen wirtschaftlichen Aufschwung und ebenso von politischer, künstlerischer und sozialer Masseninitiative geprägt und hatte internationale Anerkennung zur Folge. Die angeblich wissenschaftlich untermauerte antikommunistische Geschichtsschreibung über den demokratischen Zentralismus wurde jedoch wie beim Spiel »stille Post« fortan zu einer der weltanschaulichen Grundlagen für die Gründung der Partei »Die Grünen«.

Der aus der DDR stammende Rudolf Bahro – seit 1982 Beisitzer im Bundesvorstand der »Grünen« – nannte den demokratischen Zentralismus ein *»Prinzip der organisierten Verantwortungslosigkeit«*[96] und der aus der DDR stammende und als Kronzeuge fungierende Robert Havemann verkündete:

---

[95] Lenin, Werke, Bd. 32, S. 248

[96] Zeit online, 9.3.1990, Ausgabe 11

*»Wir brauchen keinen ›demokratischen Zentralismus‹, der
sich in einen Zentralismus ohne Demokratie verwandelt«* hat.[97]
Der schmutzige Trick bei der »Beweisführung« der »Grünen«
war, dass sie sich keineswegs mit dem Leninschen Organisationsprinzip in der sozialistischen Sowjetunion befassten.
Vielmehr bezogen sie ihre Argumente auf die Praxis der bü-
rokratisch-zentralistischen Herrschaftsausübung nach der
Restauration des Kapitalismus in der DDR, die den Begriff
des »demokratischen Zentralismus« nur noch im Mund führte. Dort war die Demokratie tatsächlich weitgehend eingeschränkt. Wesentliche Entscheidungen wurden meist unter
Ausschluss der gesellschaftlichen Basis, ohne die Mitglieder
der SED und der Massenorganisationen, zentralistisch von
der neuen bürokratischen Monopolbourgeoisie gefällt, die in
den Führungsgremien der revisionistisch entarteten SED oder
der KPdSU selbstherrlich agierte.

Diesem Zerrbild entgegengesetzt, fordert der marxistisch-
leninistische Begriff des demokratischen Zentralismus gerade
die **Einheit von Demokratie und Zentralismus**, um den
notwendigen Erkenntnisfortschritt sowie einheitliches Handeln auf der Grundlage sachlich richtiger und demokratisch
begründeter Beschlüsse zu gewährleisten. Bei der MLPD war
dies von Anfang an Grundlage des Parteiaufbaus:

*»Der demokratische Zentralismus stützt sich auf die marxis-
tische Erkenntnistheorie. Er ist **demokratisch**, weil die praktischen Erfahrungen der Parteimitglieder und die internationalen Erfahrungen die Grundlage für das Handeln der gesamten
Partei bilden. Er ist **zentralistisch**, weil sich die vereinzelten,
großenteils unsystematischen praktischen Erfahrungen der
Parteimitglieder nicht spontan zu einer richtigen Linie und zu*

---

[97] Robert Havemann, »Warum ich Stalinist war und Antistalinist wurde. Tex-
te eines Unbequemen«, Berlin, 1990, S. 215, in: Marko Ferst, »Die Ideen für
einen Berliner Frühling in der DDR«, 2003

einheitlichem Handeln umsetzen, sondern mit den internationalen Erfahrungen verbunden, erst zentral konzentriert und zu einer einheitlichen Linie verarbeitet werden müssen.«[98]

Die Gründung der »Grünen«, sowohl in Westdeutschland 1980 wie auch in der DDR 1990, fußte organisationspolitisch auf der antikommunistischen Verdammung des demokratischen Zentralismus. Dazu kam das kleinbürgerlich-illusionäre Konzept der friedlichen, demokratischen und ökologischen Umgestaltung des imperialistischen Deutschlands. So hieß es 1990 im Abschnitt »Demokratie und Recht« der Gründungsdokumente der »Grünen Partei« in der DDR:

»Weder das System des ›demokratischen Zentralismus‹ noch ein Parlamentarismus, der nur auf politische Parteien ausgerichtet ist, können sichern, daß alle Macht wirklich vom Volke ausgeht. Die GRÜNE PARTEI fordert daher vielfältige Formen direkter Demokratie als notwendige Ergänzung des parlamentarischen Systems.«[99]

»Gesichert« werden konnten unter den realen Machtverhältnissen in der BRD in Wirklichkeit weder basisdemokratische Organisationsstrukturen noch eine »grüne« Transformation des imperialistischen Systems. Transformiert wurden dagegen im Lauf der Jahre die »Grünen« von einer zunächst kleinbürgerlich-oppositionellen Protestpartei hin zu einer Monopolpartei, die sich dann in verschiedenen Regierungskoalitionen als Dienstleister der herrschenden Monopole bewährte.

Inzwischen ist unumstritten, dass die als Gegenkonzept proklamierte Basisdemokratie bei den »Grünen« niemals tatsächlich verwirklicht wurde und längst der parteigeschichtlichen

[98] REVOLUTIONÄRER WEG Nr. 10, »Einige Grundfragen des Parteiaufbaus«, 1973, S. 32

[99] »Rahmenprogramm, Grüne Partei«, beschlossen auf dem 1. Parteitag am 10.2.1990; www.ddr89.de

Vergangenheit angehört. Doch das war nicht nur dem Versagen einzelner Karrieristen oder ihrer Machtpolitik geschuldet. Die Proklamation der Basisdemokratie ist weltanschaulich vom Idealismus geprägt, von der Wunschvorstellung, jenseits der realen Machtverhältnisse des staatsmonopolistischen Kapitalismus und der Diktatur der Monopole Volks- oder Basiswillen über das bürgerliche Parlament verwirklichen zu können.

Demokratie und Zentralismus in einer marxistisch-leninistischen Partei oder in der sozialistischen Gesellschaft müssen eine dialektische Einheit bilden. Dagegen unterminiert die »Basisdemokratie« der »Grünen« die Demokratie, weil der demokratische Wille der Mitglieder mangels einheitlicher und bindender Beschlüsse gar nicht zum Tragen kommt und praktisch verwirklicht werden kann. Ehrliche Anliegen und das Engagement vieler Mitglieder werden so karikiert durch eigensüchtigen Karrierismus und individualistisches Konkurrenzdenken selbsternannter Führer. Über die Kritik eines russischen Nihilisten und »Edelanarchisten« am demokratischen Zentralismus polemisierte bereits Lenin:

»Die Parteiorganisation erscheint ihm als eine ungeheuerliche ›Fabrik‹, die Unterordnung des Teils unter das Ganze und der Minderheit unter die Mehrheit betrachtet er als ›Knechtung‹ ... die Arbeitsteilung unter der Leitung einer Zentralstelle ruft bei ihm ein tragikomisches Gezeter über die Verwandlung der Menschen in ›Rädchen und Schräubchen‹ hervor ... die Erwähnung des Organisationsstatuts der Partei ruft eine verächtliche Grimasse und die geringschätzige Bemerkung ... hervor.«[100]

Teil eines kollektiv organisierten Ganzen zu sein, können kleinbürgerliche Karrieristen in der Führungsriege der »Grü-

---

[100] »Ein Schritt vorwärts, zwei Schritte zurück«, Lenin, Werke, Bd. 7, S. 396

nen« nur als grausige Beschneidung ihrer individuellen Freiheit empfinden. Für Arbeiter ist es eine Selbstverständlichkeit in ihrem proletarischen Klassendasein.

3.8. Der »linke« und der moderne Antikommunismus

Als mit dem Übergang zur Arbeiteroffensive in den 1980er-Jahren das Klassenbewusstsein der Arbeiter auf breiter Front erwachte, brach die latente Krise des Antikommunismus erneut offen auf. 500 000 Metallarbeiter und Drucker streikten 1984 fast sieben Wochen lang für die 35-Stunden-Woche bei vollem Lohnausgleich.

Zum Fanal des Übergangs in die Arbeiteroffensive wurde der von November 1987 bis April 1988 andauernde selbständig geführte Kampf der 6 000 Stahlarbeiter gegen die Stilllegung des Werks von Krupp in Duisburg-Rheinhausen. Unmittelbar nach Bekanntgabe der Schließung des hochmodernen Werks kam es zu spontanen Streiks, die mit dem Kampf auf der Straße und im Wohngebiet eng verbunden wurden. Die **Sozialplan-Politik** und die **Montanmitbestimmung**, mit der die reformistischen SPD- und Gewerkschaftsführer in den Jahren zuvor Arbeiterkämpfe gegen Massenentlassungen und Betriebsstilllegungen unterbunden hatten, waren in die **Krise** geraten.

Im April 1988, als Höhepunkt des entfalteten Kampfwillens der Stahlarbeiter, beschloss eine Versammlung der Rheinhausener Belegschaft den unbefristeten selbständigen Streik. Die Arbeiter folgten dem Aufruf und streikten sieben Tage lang gegen den Willen der örtlichen Gewerkschaftsführung und der rechten Betriebsratsspitze.

Die Betriebsgruppe der MLPD bei Krupp-Rheinhausen veröffentlichte ein 7-Punkte-Kampfprogramm. Es enthielt aktuelle Forderungen wie »*Kampf um den Erhalt aller Arbeits- und Ausbildungsplätze in Rheinhausen!*« und »*Für das Recht auf selbständige Streiks und die Wahl selbständiger Streikleitungen!*« Es verbreitete auch die Losung: »*Vorwärts zum Sozialismus!*«

Die streikenden Arbeiter griffen die aktuellen Forderungen breit auf und die weltanschauliche Auseinandersetzung um eine sozialistische Alternative belebte sich. Bei einem Marsch der Arbeiter und ihrer Familien durch den Stadtteil wurde die »Internationale« gesungen.

Bereits 1986 hatte der damalige Chef des Kapitalistenverbandes Gesamtmetall, Werner Stumpfe, die Industriegewerkschaft Metall aufgefordert, »*die Kräfte in ihren Reihen aufzuhalten, die mit dem Arbeitskampf nicht nur die Arbeitsbedingungen verbessern, sondern die gesellschaftliche Ordnung verändern wollen.*«[101]

Als der Streik seine Wirkung auch auf andere Betriebe in ganz Deutschland entfaltete, zog die SPD-Führung mit dem nordrhein-westfälischen Ministerpräsidenten Rau und dem Betriebsratsvorsitzenden Bruckschen die Notbremse. Um den Streik abzuwürgen, manipulierten sie auf einer hektisch einberufenen Belegschaftsversammlung die demokratische Entscheidung der Arbeiter. Nur eine Minderheit der streikenden Arbeiter konnte an der pseudodemokratischen Abstimmung teilnehmen, wohl aber auffällig viele Angestellte und Meister, die sich gar nicht am Streik beteiligt hatten. Bruckschen wetterte dort gegen die Marxisten-Leninisten:

»*Die anderen* [gemeint war insbesondere die MLPD] *wollen die Republik verändern, aber das wollen wir nicht! ... Der*

---

[101] Rote Fahne 37/1986

Kampf in Rheinhausen geht ja mittlerweile in die Richtung, wer in diesem Staat das Sagen hat.«[102]

Es war eine dreiste Irreführung, unter den Stahlarbeitern zu verbreiten, die MLPD verfolge keine ehrlichen, mit den Interessen aller Stahlarbeiter übereinstimmenden Ziele in diesem Kampf. Wahr ist dagegen, dass der Kampf um jeden Arbeitsplatz – und sei er noch so erfolgreich – im Kapitalismus lediglich zu einem zeitweiligen Zugeständnis führen kann. Er ändert nichts an dem System der Ausbeutung der Lohnarbeit, das Bruckschen so trotzig verteidigte. Diese Wahrheit zu verschweigen, wäre Opportunismus! Die MLPD führt deshalb jeden Kampf um Reformen als Schule des Klassenkampfs und propagiert dabei die gesellschaftliche Perspektive des Sozialismus, in der die kapitalistische Ausbeutung und Unterdrückung grundsätzlich abgeschafft werden wird.

Die IG-Metall-Führung verschärfte in dieser Zeit wieder die Praxis der Unvereinbarkeitsbeschlüsse. Diese stammen aus der Zeit des Ausschlussterrors gegen kommunistische Gewerkschafter und Betriebsräte in der Nachkriegsgeschichte sowie aus der Zeit nach dem KPD-Verbot von 1956. Seit der Legalisierung der DKP wurden sie nur noch gegen Marxisten-Leninisten angewendet. Die IG-Metall-Führung beschloss allein 1987 und 1988 35 Ausschlüsse ohne Verfahren und meist nur wegen vermuteter Mitgliedschaft in der MLPD. Darunter befand sich auch der damalige Parteivorsitzende Stefan Engel. Alle Ausschlüsse wurden offen antikommunistisch begründet mit der verleumderischen Unterstellung einer angeblichen »Gewerkschaftsfeindlichkeit«. Stefan Engel nahm im Prozess gegen seinen Ausschluss aus der IG Metall Stellung:

---

[102] Tonbandprotokoll der Belegschaftsversammlung vom 14. 4. 1988

»Kein Gewerkschafter kann allen Ernstes dulden, daß die Gewerkschaftsführung den Arbeitern künftig das Recht absprechen will, sich aus freien Stücken für oder gegen das kapitalistische System zu richten ... Ich spreche der IG Metall ausdrücklich das Recht ab, die MLPD als gewerkschaftsfeindlich zu erklären. Die MLPD tritt entschieden für starke und kämpferische Gewerkschaften ein. Daß aber unserer Meinung nach über den gewerkschaftlichen Rahmen hinaus, über den Kampf für die Verbesserung der Lohn- und Arbeitsbedingungen hinaus, auch ein politischer Kampf gegen das kapitalistische System geführt werden muß, dafür ist die Gewerkschaft nicht zuständig. Das ist Aufgabe einer politischen Partei, wie sie sich mit der MLPD herausgebildet hat. Wenn ein Arbeiter also für den Sozialismus eintritt, dann muß er neben der Gewerkschaft auch Mitglied in der MLPD werden.«[103]

Damals herrschte eine Situation, in der eine bestimmte Masse von Arbeitern anfing, sich vom Antikommunismus zu lösen, und die MLPD begann, Masseneinfluss zu bekommen, insbesondere im Kern des Industrieproletariats. Die Herrschenden waren in die politische Defensive geraten und sahen sich gezwungen, allgemeine Schlüsse daraus zu ziehen. Sie entwickelten deshalb eine **neue Form der Klassenzusammenarbeit** zwischen dem Monopolkapital, den bürgerlichen Parteien und der Gewerkschaftsführung. Der Zweck war, die Gewerkschaften einzubinden, um den Einfluss der Marxisten-Leninisten auf den weiteren Übergang zur Arbeiteroffensive einzudämmen. Über das Ergebnis berichtete der Informationsdienst der CDU:

»Konfrontation, wie sie in den letzten Wochen von der SPD und Teilen der Gewerkschaften betrieben worden ist, ist unfruchtbar. ... Regierungen, Unternehmen und Gewerkschaften

---

[103] Dokumente des Duisburger Parteitags der MLPD, S. 118/119

haben das Gemeinsame über das Trennende gestellt ... nur neue Ideen können den Strukturwandel zur Schaffung von Arbeitsplätzen gewährleisten.«[104]

Zu diesen *»neuen Ideen«* gehörte die Lüge vom *»sozialverträglichen Arbeitsplatzabbau«*, die in der Realität in den fortschreitenden Abbau von Hunderttausenden Arbeitsplätzen in der Stahlindustrie und im Bergbau mündete.

Schon während des Kampfs in Rheinhausen war auffällig, dass sich die herkömmlichen, zum Teil bei den Arbeitern verhassten reformistischen Gewerkschaftsführer und Betriebsräte zurückhielten. Sie überließen den linksreformistischen Führern Laakmann und Steegmann die Wortführung im Kampf der Stahlarbeiter. Das war neu.

In den Jahren zuvor hatte die IG-Metall-Führung die sogenannten *»oppositionellen«* Betriebsräte und Gewerkschafter noch massiv bekämpft. Mitglieder oppositioneller Betriebsratslisten wurden verschiedentlich wegen angeblicher Spaltung aus der IG Metall ausgeschlossen. Nun aber wurde die **linksreformistische** Variante zur neuen *»zeitgemäßen«* Spielart des **Antikommunismus**. Sie sollte das erwachte Vertrauen der Arbeiter in ihre eigene Kraft unterminieren und diffuse Vorbehalte schüren vor der Zusammenarbeit mit der marxistisch-leninistischen Partei und ihrer Stärkung.

Auf dem Gewerkschaftstag der IG Metall 2011 begründete der damalige Vorsitzende Berthold Huber[105] die Notwendig-

---

[104] Informationsdienst der CDU Deutschlands UiD 7/1988, S. 6

[105] Berthold Huber war bis 1980 führender Funktionär des KABD, der Vorläuferorganisation der MLPD. Er verteidigte die Linie Deng Xiaopings zur Restauration des Kapitalismus in der Volksrepublik China nach dem Tod Mao Zedongs und wurde 1980 wegen Disziplinbruchs und grob parteischädigenden Verhaltens ausgeschlossen. Huber wurde Mitglied der SPD. Auf dem Höhepunkt einer steilen Karriere im Gewerkschaftsapparat wurde er 2007 zum Ersten Vorsitzenden der Industriegewerkschaft Metall gewählt.

keit des »**linken Reformismus**«. Auf der IG-Metall-Webseite heißt es dazu:

>»*Die Kapitalismuskritiker ... sagen, diese Widrigkeiten seien nur durch einen radikalen Systembruch aus der Welt zu schaffen – einen Systembruch, an den ohnehin niemand glaubt.*«[106]

Berthold Huber hat den Glauben an eine grundlegende Veränderung des Systems zugunsten seiner Gewerkschaftskarriere aufgegeben. Alle anderen Gewerkschafter sollen wie er die Aussöhnung mit dem kapitalistischen System vorziehen:

>»*Linker Reformismus sagt, dass Weltverbesserung mit vielen kleinen Schritten in einer Perspektive von zehn, zwanzig Jahren möglich ist – und dass das sogar sehr gut möglich ist.*«[107]

Einen Beweis für diese These bleibt er bis zum heutigen Tag schuldig. Der **linksreformistische Antikommunismus** wurde tatsächlich zeitweilig zum Rettungsanker für eine Reihe von Konzernmanagern, um Arbeiterkämpfe zu vermeiden und Stilllegungspläne, Verlagerungen und Entlassungen möglichst reibungslos durchzusetzen.

Er ist seitdem eine wesentliche Variante des **Systems der kleinbürgerlichen Denkweise und des »modernen Antikommunismus**«. Über dessen Wesen heißt es im Programm der MLPD:

>»*Die kleinbürgerliche Denkweise nimmt scheinbar eine kritische Haltung zu den gesellschaftlichen Verhältnissen ein, während sie den Kapitalismus zugleich gegen jede gesellschaftliche Alternative verteidigt.*«[108]

---

[106] aus dem Bericht von Robert Misik zum Zukunftsreferat von Berthold Huber, 13.10.2011, www.igmetall.de

[107] ebenda

[108] Programm der MLPD, S. 38

3.9. Erweiterung des modernen Antikommunismus im Prozess der Wiedervereinigung Deutschlands

Bei der deutschen Wiedervereinigung spielte der moderne Antikommunismus eine zentrale Rolle. Bundeskanzler Helmut Kohl proklamierte das »Ende des Sozialismus« und versprach »blühende Landschaften« im Osten.

Um die Masse der Bevölkerung der ehemaligen DDR weltanschaulich in das staatsmonopolistische System der BRD zu integrieren, musste der moderne Antikommunismus jedoch dem damals noch hohen Ansehen des Sozialismus unter der Bevölkerung der DDR gerecht werden. Anders wäre es nicht gelungen, 1989/90 die demokratische Volksbewegung der DDR in Illusionen über die »freiheitlich-demokratische Grundordnung« der BRD zu wiegen und in bürgerlich-parlamentarische Bahnen zu lenken. Im Programm der MLPD wird das so beschrieben:

Der moderne Antikommunismus »*täuscht einen kritischen Standpunkt gegenüber der kapitalistischen Gesellschaft nur vor, um gleichzeitig den Sozialismus zu verunglimpfen. Mit immer neuen Gräuelgeschichten und Geschichtsfälschungen über die ehemals sozialistische Sowjetunion und das China Mao Zedongs sollen unter den Massen systematisch antikommunistische Vorbehalte und negative Gefühle gegenüber der sozialistischen Alternative und der MLPD aufgebaut werden. Dazu werden demagogisch bürgerliche Kampfbegriffe wie ›Stalinismus‹ und ›Maoismus‹ verwendet. Zugleich wird die Restauration des Kapitalismus in den ehemals sozialistischen Ländern geleugnet. Mit Zensur und einem ausgeklügelten Medienboykott betreiben die Herrschenden eine Politik der Isolierung gegen die MLPD.*

Die Hauptträger des modernen Antikommunismus sind in der Regel ›linke‹ Karrieristen, ›geläuterte‹ kleinbürgerliche

Altlinke oder ehemalige Angehörige der herrschenden Klassen aus den untergegangenen bürokratisch-kapitalistischen Ländern, die ihren eigenen Verrat rechtfertigen wollen.«[109]

Auf das Konto dieser *»ehemaligen Angehörigen der herrschenden Klasse«* aus der untergegangenen DDR geht wesentlich die »Stalinismus«-Keule, die fortan gegen jeden Verfechter der sozialistischen Sowjetunion zur Zeit Stalins geschwungen wird. Aus der SED-Führung kamen auch die Verfasser eines Grundsatzreferats auf dem Außerordentlichen Parteitag der SED[110] in Berlin am 16. Dezember 1989. Das Referat folgte der Leitlinie *»Wir brechen unwiderruflich mit dem Stalinismus als System!«*[111] Es wurde vorgetragen von Michael Schumann, Philosophieprofessor an der Deutschen Akademie für Staats- und Rechtswissenschaft und späteres Mitglied des Deutschen Bundestags für die PDS[112].

Laut Schumann wurde das Grundsatzreferat wesentlich von Markus Wolf, dem früheren stellvertretenden Chef der »Staatssicherheit« (Stasi) in der DDR[113] konzipiert: *»Die Diskussionen ... wurden wesentlich von Markus Wolf geprägt. ... Er war der spiritus rector[114] des Unternehmens.«*[115] Eigentlich wäre es also »normal« gewesen, dass Wolf das Referat selbst hält. Doch in einem fünf Jahre später verfassten Artikel plau-

---

[109] S. 40

[110] Sozialistische Einheitspartei Deutschlands

[111] Referat »Zur Krise in der Gesellschaft und ihren Ursachen«, Außerordentlicher Parteitag der SED/PDS, Protokoll der Beratungen am 8./9. und 16./17. Dezember 1989, Berlin, S. 178/179

[112] Partei des Demokratischen Sozialismus, existierte von 1990–2007

[113] Wolf hatte sich im Mai 1986 auf eigenen Wunsch beurlauben lassen und wurde im November 1986 aus dem Ministerium für Staatssicherheit entlassen.

[114] sinngemäß: geistiger Urheber

[115] Wolfram Adolphi (Hrsg.), »Michael Schumann, Hoffnung PDS«, 2004, S. 97

dert Schumann freimütig aus, wieso – nach Beratungen mit Gregor Gysi[116] und Hans Modrow[117] – *»das ›Chruschtschow-Referat‹ der SED-Geschichte in der Situation des Jahres 1989 nicht sichtbar mit Personen der Nomenklatura[118] verbunden werden durfte, wenn man auf Wirkung und Glaubwürdigkeit bedacht war. ... Die hauptamtlichen Funktionäre hatten in der Bevölkerung und in der eigenen Mitgliedschaft ein schlechtes Ansehen.«*[119]

Das Referat von Wolf auf dem Parteitag war sorgfältig austariert. Es verneigte sich scheinbar vor den historischen Leistungen der Sozialisten und der revolutionären Bewegung, würdigte sogar die Oktoberrevolution, die sozialistische Sowjetunion und Lenin, lobte die enormen Aufbauleistungen der DDR. Das Referat verurteilte die Honecker-Clique, ihr Politbüro und den »Machtmissbrauch« der Spitzenfunktionäre. Voller Achtung sprach es von der demokratischen Rebellion der Massen. Es heuchelte Respekt gegenüber der Bevölkerung der DDR und auch den SED-Mitgliedern:

»Aber die Bürger unseres Landes und die Mitglieder unserer Partei, die sich allzeit guten Glaubens mit Herz und Hand für den Sozialismus auf deutschem Boden eingesetzt haben, brauchen die Gewißheit, daß sie eine gute Spur in der Geschichte gezogen haben.«[120]

---

[116] Gregor Gysi war von Ende 1989 bis 1993 letzter Vorsitzender der SED und erster Vorsitzender ihrer Nachfolgepartei PDS.

[117] Hans Modrow war vom 13. November 1989 bis 12. April 1990 der letzte Vorsitzende des Ministerrats der DDR und damit Regierungschef.

[118] Als Nomenklatura wurde die begrenzte Zahl von SED-Funktionären bezeichnet, die die Führungspositionen in Partei, Verwaltung, Wirtschaft und Gesellschaft ausübte.

[119] Wolfram Adolphi (Hrsg.), »Michael Schumann, Hoffnung PDS«, 2004, S. 96

[120] Referat »Zur Krise in der Gesellschaft und ihren Ursachen«, Außerordentlicher Parteitag der SED/PDS, Protokoll der Beratungen am 8./9. und 16./17. 12. 1989, Berlin, S. 182

Unter der Flagge, Licht in das Dunkel der Ursachen der Fehlentwicklungen zu bringen, kommt das »Grundsatzreferat« sodann auf den Kern der Sache:

»Da gibt es die spezifischen Strukturen, Methoden und Allüren der Honecker-Ära, da gibt es die mit unserer sozialistischen Entwicklung insgesamt verbundenen stalinistischen Deformationen und die Ausprägung eines entsprechenden Herrschaftssystems, da gibt es den Mißbrauch der kommunistischen Bewegung durch Stalin nach Lenins Tod und eine bis in die zwanziger Jahre zurückreichende stalinistische Linie, und manches geht wohl auch zurück auf preußisch-deutsches obrigkeitsstaatliches Denken und Handeln.«[121]

Demagogisch zog einer der höchsten Repräsentanten des bürokratisch-kapitalistischen Machtapparats der DDR die alte kommunistische und Arbeiterbewegung unter Führung von Stalin in den Dreck. Dies diente der Ablenkung von der eigentlichen Ursache für die Zustände in der DDR, nämlich der kleinbürgerlichen Entartung leitender Partei- und Staatsfunktionäre, ihrer Entwicklung zu einer neuartigen bürokratischen Ausbeuterklasse. Bar jeder Selbstkritik besaßen Vertreter der SED-Nomenklatura die Unverfrorenheit, sich in ihrer »Aufarbeitung« heuchlerisch sogar noch auf Marx, Engels und Lenin zu berufen:

»Marx und Engels sahen in der Partei der Kommunisten einen Teil der Arbeiterklasse, der keine von den Interessen des Proletariats getrennte Interessen hat, der seine Aufgabe besonders darin sehen muß ... am entschiedensten die Interessen der Klasse zu vertreten. ... Lenin hatte immer wieder die Methode der Überzeugung als die Hauptmethode der politischen Arbeit, auch der siegreichen Staatspartei herausgestellt. Nun traten an diese Stelle Administration, Druck, psychischer und physi-

---

[121] ebenda, S. 182

scher Terror bis hin zu Massenrepressalien. Der Mensch wurde zum Schräubchen, zum Objekt der gesellschaftlichen Entwicklung und namentlich des politischen Systems.«[122]

Ausgerechnet Geheimdienst-Chef Wolf stellt hier die einseitige »Administration« und den »psychischen Terror« an den Pranger, die zum täglichen Handwerk der Stasi gehörten.

Während Wolfs Stasi die Massen bekämpfte, richtete sich Stalins Kampf gegen die Feinde des Sozialismus. Diese schickten sich an, gut organisiert und von ausländischen Imperialisten unterstützt, den Kapitalismus wiederherzustellen. Dieser Kampf musste mit aller Härte geführt werden. Dass in diesem Klassenkampf im Sozialismus zahlreiche unschuldige Menschen zu Opfern wurden, geht in erster Linie auf das Konto kleinbürgerlicher Bürokraten, die die Situation nutzten, um berechtigte Kritiker, zum Teil aufrechte Kommunisten mundtot zu machen.

Stalin machte den historischen Fehler, den Kampf um die Denkweise in der sozialistischen Gesellschaft zu unterschätzen und den Einsatz der staatlichen Organe zu ihrer Verteidigung zu überschätzen. Dabei war in diesen staatlichen Organen die Bürokratisierung selbst schon weit fortgeschritten. Gegenüber den Massen verwirklichte Stalin Lenins Forderung, die Überzeugung als Hauptmethode anzuwenden, und zwar sowohl im höchst komplizierten sozialistischen Aufbau als auch im Großen Vaterländischen Krieg. Nur durch breiteste Mobilisierung des sozialistischen Bewusstseins der Massen gelang es beispielsweise, die am Anfang militärisch weit überlegene faschistische Wehrmacht letztendlich zu besiegen! Bürgerliche Regierungen verteidigen ihre Gesellschaftsordnung mit allen Mitteln der psychologischen Kriegführung, der politischen Repression oder gar der physischen Vernichtung

---

[122] ebenda, S. 184

politischer Gegner ohne den geringsten Einwand der Antikommunisten. Wie viele politische Gegner wurden von den
USA und ihren Verbündeten außergerichtlich getötet – von
Lumumba, Che Guevara bis zu den Führern des palästinensischen Befreiungskampfs? Wie viele imperialistische Kriege
wurden von den USA, Frankreich oder England nach dem
Zweiten Weltkrieg losgetreten, weil sich in verschiedenen ko-
lonial abhängigen Ländern die Massen von der Ausbeutung
und Unterdrückung durch den Imperialismus befreien wollten? Dafür stehen unter anderem der Koreakrieg, der Krieg in
Indochina, Kriege im Nahen und Mittleren Osten, die Kriege
Frankreichs zur brutalen Niederhaltung der Befreiungsbewegungen in den afrikanischen Kolonien oder militärische Inter-
ventionen in Lateinamerika.

Völlig ignorant und böswillig behauptet Wolf:

*»Stalinismus bedeutete Demoralisierung und Entartung des
geistigen Lebens sowie Zerstörung menschlicher Werte. Unter
stalinistischem Vorzeichen wurden grundlegende Gedanken
und der ethische Gehalt der marxistischen Philosophie und
Wissenschaft entstellt.«*[123]

Stalins Ideologie und Politik hat aber nichts mit *»Demoralisierung und Entartung des geistigen Lebens sowie Zerstörung
menschlicher Werte«* zu tun. Im Gegenteil bekämpfte Stalin
entschieden gerade die Demoralisierung und Zerstörung des
Sozialismus, die einen Sieg des Faschismus oder die Restauration des Kapitalismus bedeutet hätte.

Nicht zufällig wurde das Grundsatzreferat der SED von
1989 als die *»Chruschtschow-Rede der DDR-Geschichte«* bezeichnet. Ähnlich, wie es Chruschtschow auf dem XX. Parteitag der KPdSU tat, gossen die SED-Führer ohne jeden Beweis kübelweise Dreck über Stalin aus. Die lebensgefährliche

---

[123] ebenda

Bedrohung der Sowjetunion durch den Hitler-Faschismus, die Gefahr einer Fünften Kolonne, die innerhalb der Sowjetunion mit den Faschisten kollaborieren könnte, war ihnen nur wenige Zeilen wert. Der ständige Versuch der Imperialisten, durch Agenten und Feinde in der Sowjetunion den Umsturz vorzubereiten: Handelten da nur zu Unrecht Unterdrückte? Die Führung der Roten Armee und die überlegene Strategie und Taktik, die zum Sieg über den Hitler-Faschismus führten, existierten in dem Grundsatzreferat allenfalls als Randnotiz.

Die Leistungen der sozialistischen Sowjetunion, den Vielvölkerstaat demokratisch und gleichberechtigt aufzubauen, wurden aus der Geschichte gelöscht. Wissenschaftliche, medizinische, kulturelle, sportliche, architektonische, umwelt- und frauenpolitische sowie städtebauliche Höchstleistungen fanden keinerlei Erwähnung. Tatsächliche Fehler – zum Beispiel Überspitzungen in der Kollektivierung der Landwirtschaft – wurden unglaublich überzogen, weil vom Standpunkt der bürgerlichen Ideologie die Kollektivierung der Landwirtschaft überhaupt verwerflich ist. Penetrant wurde die durchaus vorhandene Kritik und Selbstkritik der damaligen Parteiführung verschwiegen. Die ganze Hilfe, die die DDR im anfänglichen Aufbau der antifaschistisch-demokratischen Ordnung von der Sowjetunion erhielt, war nicht der Rede wert.

Die Diffamierung des Sozialismus in der Sowjetunion unter Führung Stalins hatte keinen anderen Zweck, als davon abzulenken, dass die Ursache für die Zustände in der DDR gerade in der Abkehr von den ideologisch-politischen Grundlagen Lenins und Stalins lag. Immerhin hatte sich die SED-Führung nach dem XX. Parteitag der KPdSU 1956 ausdrücklich von Stalin distanziert. Eine herrschende Klasse in der DDR, die sich voll mit Stalins Verleumdung identifiziert hat, soll in Stalins Fußstapfen getreten sein? Was für ein Widersinn! Für

jemanden, der logisch und prinzipiell denkt, ist das ein leicht
durchschaubarer Trick.

Mit diesem »wegweisenden« Referat und der darin ausgerichteten »Aufarbeitung« der negativen Erfahrungen der
DDR unter der Flagge des »Kampfs gegen den Stalinismus«
wurden die Parteimitglieder der SED, die Massen in der DDR,
alle fortschrittlichen Menschen auch in der BRD belogen und
betrogen. Das Referat entwickelte zugleich die Grundlinie der
künftigen »Aufarbeitung der Geschichte der DDR« im Geist
des modernen Antikommunismus.

Natürlich wurde die Argumentationslinie in den folgenden
Jahren weitgehend modifiziert: Von einigen verbalen Anleihen
an Marx abgesehen, strichen die Antikommunisten nun alle
positiven Bezüge zu Marx, Engels und Lenin ebenso wie die
Erfolge des sozialistischen Aufbaus in der Sowjetunion und
die Aufbauleistungen der Massen der DDR. Übrig blieb die
Diffamierung des Marxismus-Leninismus als angeblich »totalitäre Ideologie« im Allgemeinen und die Hetze gegen Stalin
im Besonderen.

Mit diesem Ticket gelang dann auch die Umwandlung der
SED zur staatstragenden Partei des Demokratischen Sozialismus (PDS) in der BRD unter dem Vorsitzenden Gregor Gysi.
Später, nach der Vereinigung mit einigen ehemaligen Partei-
linken der SPD in der Vereinigung WASG[124] benannte sie sich
2007 um in »DIE LINKE«. Ihr Opportunismus gipfelte darin,
dass sich »DIE LINKE« in Thüringen 2014 das Regierungsbünd-
nis mit SPD und Grünen und die Ministerpräsidentschaft Bodo
Ramelows mit der pauschalen Abqualifizierung der DDR als
»Unrechtsstaat« erkaufte.

Der moderne Antikommunismus wurde durch die geläutert
auftretenden führenden Repräsentanten des bürokratischen

---

[124] Wahlalternative Arbeit und soziale Gerechtigkeit

Staatskapitalismus der DDR enorm befeuert. Nun war er geeignet, die noch vorhandenen Reste sozialistischen Bewusstseins unter den Massen in Ostdeutschland zu zersetzen und ihr Selbstbewusstsein zu untergraben.

3.10. Das System der kleinbürgerlichen Denkweise als Regierungsmethode

1996 bis 1998 erwachte das Klassenbewusstsein der Arbeiterklasse erneut auf breiter Front. Vor allem der erfolgreiche siebentägige Bergarbeiterstreik im März 1997 mit 130 000 beteiligten Arbeitern und Angestellten sowie breitester Sympathie unter den Massen und in der Öffentlichkeit brachte die Kohl-Regierung ins Wanken. Ein Regierungswechsel wurde unausweichlich.

Unter der Regie des SPD-Vorsitzenden Lafontaine sowie des SPD-Kanzlers Schröder und des Vizekanzlers Fischer von den »Grünen« sollte die 1998 neu gewählte sozialdemokratisch-grüne Regierung den Eindruck erwecken, sie wäre die Repräsentantin der kämpferischen Arbeiter-, Umwelt-, Frauen- oder antifaschistischen Bewegung in Deutschland. Wichtige Ministerposten bekamen ehemalige kleinbürgerliche Linke und bekannte Repräsentanten besonders aus der Friedens-, Umwelt- und Gewerkschaftsbewegung. Das **System der kleinbürgerlichen Denkweise** wurde erstmals zur hauptsächlichen **Regierungsmethode**.

Bereits 1999 setzte der Bundestag eine Kommission »*Zukunft des Bürgerschaftlichen Engagements*« ein, die 2002 in ihrem Bericht die hervorgehobene Rolle von Nichtregierungsorganisationen (NGOs) begründete:

»Sie schaffen eine Atmosphäre ... was wir heute ›soziales Kapital‹ nennen: die Verbundenheit und das Verständnis zwi-

schen den Mitgliedern einer Gesellschaft, die Verlässlichkeit gemeinsam geteilter Regeln, Normen und Werte und nicht zuletzt das Vertrauen in die Institutionen des Staates«.[125]

Die NGOs hatten also hochoffiziell und regierungsamtlich beauftragt die Funktion, segensreich Vertrauen in die Werte und Institutionen des bürgerlichen Staats zu vermitteln – während die Massen diesem Staat immer weniger vertrauten.

Das System der kleinbürgerlichen Denkweise band die NGOs in die Umsetzung der Regierungspolitik ein, förderte systematisch ihren Aufbau und ihr Ansehen in der öffentlichen Meinung. Zugleich verbreiteten sie systematisch die kleinbürgerlich-antikommunistische Denkweise.

Die in Frankreich entstandene Organisation **Attac** gründete im Jahr 2000 eine deutsche Sektion. Sie griff die wachsende Kritik an den Folgen der Neuorganisation der internationalen Produktion auf und lenkte sie in die Bahn einer reformistischen »Globalisierungskritik«. Ihre Kernforderung war die Einführung einer Transaktionssteuer auf Wertpapiergeschäfte. Wortradikal verbreitete sie das Märchen, dies könnte den »entfesselten Kapitalismus« zügeln.

2002 wurde eine »Bewegungsstiftung« zur Finanzierung von NGOs und ihren hauptamtlich Beschäftigten gegründet. 2004 folgte die deutsche Kampagnen-Organisation »Campact« als bürgerlicher Organisator, Finanzquelle und Kontrolleur »zivilgesellschaftlichen Engagements«.

Es entstand eine ganze Maschinerie zur Manipulation von sozialen Bewegungen, weltanschaulich gerechtfertigt durch ein System von Instituten und Fachbereichen an Universitäten. Dies ging von der Schröder/Fischer-Regierung aus, wurde

---

[125] Bericht der Enquete-Kommission, Deutscher Bundestag, Drucksache 14/8900, S. 2

aber unterstützt von Stiftungen großer internationaler Monopole wie VW, Bosch, ThyssenKrupp oder Bertelsmann.

Eine Reihe **neuer idealistischer Begriffe** über die angebliche sozialökologische Mitgestaltung des Kapitalismus sollte die ideologische Einbindung selbständiger und kämpferischer Bewegungen in den staatsmonopolistischen Kapitalismus absichern. Gleichzeitig sollten sie jede grundsätzliche Systemkritik am Kapitalismus als »fundamentalistisch«, »dogmatisch«, »realitätsfern« oder »weltfremd« erscheinen lassen. Vom Klassencharakter der Gesellschaft ließen die neuen Begriffe nichts mehr erkennen: »Dienstleistungsgesellschaft«, »Prekariat«, »Zivilgesellschaft«, »Globalisierung«, »Mittelklasse«, »Klimawandel«, »Rechtspopulismus« .... Ein verlockendes Gegenprogramm zum wissenschaftlichen Sozialismus sollte entstehen.

Der Erfolg der Regierung Schröder/Fischer, die Energie und Tatkraft der Arbeiter- und Volksbewegung an den bürgerlichen und kleinbürgerlichen Parlamentarismus abzutreten oder über NGOs an die lange Leine zu legen, war allerdings von relativ kurzer Dauer. So war der ehemalige Friedensaktivist und dann Außenminister Joschka Fischer 1999 im NATO-Krieg gegen Jugoslawien federführend beim erstmaligen Kampfeinsatz deutscher Truppen im Ausland seit dem Zweiten Weltkrieg. Was er salbungsvoll als »humanitäre Intervention« und »Lehre aus Auschwitz« verkaufte, war in der Realität ein völkerrechtswidriger Angriffskrieg. Gesundheitsministerin Ulla Schmidt[126] verschlechterte mit ihrer »Gesundheitsreform« die medizinische Versorgung der Massen. Der »linke« Gewerkschafter Walter Riester brachte als Arbeitsminister ein umfassendes Programm der Kürzung gesetzlicher

---

[126] Ulla Schmidt war zuvor Funktionärin des Kommunistischen Bunds Westdeutschlands (KBW). Sie kandidierte 1976 für den Bundestag auf Platz 2 der KBW-Landesliste Nordrhein-Westfalen.

Renten und der schrittweisen Privatisierung des Rentenwesens auf den Weg. Der 1998 im Koalitionsvertrag versprochene »Abbau der Arbeitslosigkeit als oberstes Ziel« führte seit dem 1. Januar 2003 zu den Hartz-Gesetzen: zu staatlich gefördertem Lohnabbau und zur Verarmung von Millionen beschäftigter und arbeitsloser Arbeitern und ihren Familien sowie zu wachsender Alters- und Kinderarmut.[127] Die demagogisch als sozialdemokratisch/grüne »Zukunftsinitiative« dargebotene »Agenda 2010« war nichts als ein in der Nachkriegsgeschichte beispiellos massiver Angriff auf die wirtschaftlichen und sozialen Errungenschaften der Arbeiterbewegung. Nie hätte sich die reaktionäre CDU/FDP-Regierung unter Kanzler Kohl so etwas erlauben können, ohne einen Sturm gewerkschaftlicher Proteste auszulösen. Doch die Regierungsmethode des Systems der kleinbürgerlichen Denkweise machte es möglich!

Am 1. November 2003 kam es zur ersten selbständig organisierten Großdemonstration gegen die Agenda 2010 der Schröder/Fischer-Regierung. Sie wurde unter maßgeblichem Einfluss der MLPD und der Bewegung der Montagsdemonstrationen vorbereitet. Offenherzig berichtet die antikommunistisch ausgerichtete Plattform Wikipedia unter dem Stichwort »Montagsdemonstrationen«:

»Seit 2003 fanden in der Bundesrepublik Deutschland von der Marxistisch-Leninistischen Partei Deutschlands (MLPD) organisierte Demonstrationen ohne größere öffentliche Beachtung statt. Später (2004) wurden diese Demonstrationen gegen Arbeitsmarktreformen (Hartz-Konzept) von Tausenden

---

[127] Die Hartz-Gesetze bedeuteten weitgehende Abschaffung des bisherigen Systems der Arbeitslosenversicherung. Zuwendungen an Langzeitarbeitslose wurden von Arbeitslosengeld auf Sozialhilfe umgestellt, ein umfassendes System der staatlichen Sanktionierung bevormundete die Hartz-IV-Betroffenen, Leiharbeit wurde legalisiert, Minijobs ausgedehnt, Vollzeitarbeitsplätze abgebaut und Renten massiv gekürzt.

besucht, die zumeist den Bezug zur linksextremistischen MLPD nicht erkannten. ... Während die Gliederungen der Gewerkschaften anfingen, sich den Montagsdemos anzuschließen, zögere die DGB-Spitze vor den Wahlen in Nordrhein-Westfalen, Thüringen und Sachsen. ... Hier seien die Attac-Gruppen gefordert.«[128]

Die Führung von Attac versuchte umgehend, eine Spaltung der Montagsdemonstrationsbewegung zu organisieren. Dies in Einheit mit der rechten Gewerkschaftsführung, die den Hartz-Gesetzen vorher bereits zugestimmt hatte. Offen plauderte der Attac-Funktionär Werner Halbauer aus:

»Wenn man die politischen Bedenken von mobilisierenden Gewerkschaftsgliederungen oder attac ignoriert, werden natürlich die finanziellen Ressourcen und die Mobilisierungsbreite eingeengt. ... Das mag man als Erpressung oder umgekehrt als mangelnde Sensibilität gegenüber Bündnispartnern ansehen, es sind aber die Realitäten«.[129]

Auch der Parteivorstand der PDS legte auf einer Sondersitzung fest, seine finanziellen Zusagen von der Rednerliste für die geplante Großdemonstration abhängig zu machen. Sie alle konnten aber die Großdemonstration mit 100 000 Menschen am 1. November 2003 in Berlin nicht aufhalten, die erste erfolgreiche selbständig organisierte Demonstration gegen die Schröder/Fischer-Regierung. Sie signalisierte den Anfang vom Ende dieser Regierung.

Die Bewegung der Montagsdemonstrationen entwickelte sich zur politisch selbständigen Massenbewegung. Am 23. August 2004 protestierten in 230 Städten 250 000 Menschen

---

[128] Wikipedia, 21.1.2021

[129] Werner Halbauer, Attac, Einlader des »Not«plenums, E-Mail vom 9.10. 2003

unter der Losung »Weg mit Hartz IV – Das Volk sind wir!«
Fast gleichzeitig entwickelte sich eine **Serie konzernweiter
Kämpfe und Streiks** mit dem Höhepunkt des selbständigen
siebentägigen **Opel-Streiks** in Bochum im Oktober 2004.[130]
Erneut wurde ein Übergang zur Arbeiteroffensive auf breiter
Front eingeleitet. Vor allem schreckte die Herrschenden, dass
die MLPD in diesen Kämpfen und Bewegungen eine führende
Rolle einnehmen konnte.

Als Reaktion auf diese Entwicklung verstärkten sie den **modernen Antikommunismus in der Arbeiter- und Volksbewegung**, um diese zu desorientieren, desorganisieren und
zu demoralisieren.

Auf Bundes- und Landesebene richtete die herrschende
Klasse operative »Lagezentren« ein. Vertreter von Regierungen, Geheimdienst sowie bürgerlichen Parteien gaben die
antikommunistischen Argumentationsmuster vor, die von
den bürgerlichen Massenmedien unisono verbreitet wurden.
Sie richteten die **Hauptattacke gegen die Einheit von
Arbeiter- und Montagsdemobewegung mit der MLPD**.
Für kurze Zeit musste in den Medien der Zensur-Schleier der
relativen Isolierung der MLPD gelüftet werden – was diese
millionenfach in die Diskussion brachte.

Im Protokoll des Koordinierungskreises von Attac (KO-
Kreis) zur Sitzung am 23. August 2004 heißt es:

*»Der Bewegung abträglich sind Versuche von politischen
Kleinstgruppen wie der MLPD ... das zarte Pflänzchen Mon-*

---

[130] Erfolgreicher selbständiger Streik mit Werksblockade und Betriebsbeset-
zung vom 14. bis 20. Oktober 2004 zur Verhinderung der Werksschließung.
Auf dem Höhepunkt eines internationalen Kampftags der Opel/GM-Beleg-
schaften an 15 Standorten aus neun Ländern beteiligten sich rund 100 000 sowie zahlreiche Unterstützer in anderen Autowerken und Betrieben. »Kämpfen
wie bei Opel« wurde zum geflügelten Wort in der Arbeiterbewegung.

tagsdemo bereits jetzt unter ihre Kontrolle bringen und für eigene Zwecke instrumentalisieren zu wollen.«[131]

Der Inlandsgeheimdienst leistete intensive Schützenhilfe und verbreitete öffentlich, dass die MLPD die Montagsdemonstrationen »feindlich übernehmen« wolle.[132]

Das war natürlich gelogen. Weder »*instrumentalisierte*« die MLPD irgendjemanden noch wollte sie die Montagsdemobewegung »feindlich übernehmen«. Ihr Vergehen lag und liegt darin, dass sie diese überparteiliche und selbständige Bewegung nach Kräften unterstützt. Eine »feindliche Übernahme« versuchten dagegen die antikommunistischen Hetzer. Pedram Shahyar, damals Aktivist im KO-Kreis von Attac, gab später interessante Einblicke:

»Die maoistische Gruppe der MLPD bestimmte am Anfang die Demos in Berlin mit einem abstrusen Kurs, und es brauchte sehr viel Mühe, ihnen die Kontrolle über die Demos zu entreißen. Die meisten Linken konnten damals vorallem kulturell mit den Demonstrant/innen wenig anfangen – sie kamen aus einer anderen Schicht, sprachen eine andere Sprache.«[133]

»*Abstrus*« war der Kurs des Kampfs gegen Hartz IV nur für Leute, die Lichtjahre von der Lebenswirklichkeit der Arbeiter entfernt waren und den Kampf gegen die Schröder/Fischer-Regierung kontrollieren wollten. Die Politik unter dem Motto »Weg mit Hartz IV!« wurde von den Spaltern umgemünzt in eine handzahme »kritische Begleitung der Umsetzung der Hartz-Gesetze«, was die Bewegung der Montagsdemonstrationen spaltete und schwächte.

Ein unauslöschliches Signal aus dieser Zeit war dennoch, dass die MLPD erstmals bundesweit bedeutsame Streiks

---

[131] attac.de, KoKreis-Protokoll_08_2004.pdf

[132] Verfassungsschutz Thüringen, Bericht 2004

[133] www.freitag.de/autoren/pedram/tahrir-oder-teaparty, 24. 4. 2014

und zentrale Bewegungen der Arbeiter- und Volksbewegung initiieren und prägen konnte. Damit erlebte der moderne Antikommunismus seine bis dahin größte Niederlage. Die aggressive Monopolpolitik führte zudem zu einer offenen Krise des Reformismus, die bis heute nicht beigelegt werden konnte. Nach der verlorenen Landtagswahl in Nordrhein-Westfalen rief Kanzler Schröder im Mai 2005 notgedrungen vorzeitige Neuwahlen im Bund aus.

3.11. Die Regierungsmethode der Kanzlerin Merkel

Die Großen Koalitionen von CDU und SPD (2005 bis 2009 und 2013 bis 2021) behielten das System der kleinbürgerlichen Denkweise als hauptsächliche Regierungsmethode bei, allerdings in modifizierter Form. Sie hatte die Aufgabe, die Massenproteste unter Arbeitern und Studenten, der Umwelt-, der Frauen- und der Jugendbewegung zu beruhigen, auch um den gewachsenen Einfluss der MLPD einzudämmen und eine Revolutionierung der Massen abzuwenden. Das erfolgte vor allem mit drei Methoden.

Zum **Ersten** wurde eine Reihe von **Zugeständnissen an die Massenbewegungen** gemacht. Studiengebühren wurden flächendeckend zurückgenommen, als eine wachsende Zahl von Studierenden dagegen kämpfte. Verschiedene Maßnahmen zur Durchsetzung und Verschärfung der Hartz-Gesetze wurden zunächst ausgesetzt; mehrmals wurde das Kindergeld erhöht. In den beiden Weltwirtschafts- und Finanzkrisen 2008 bis 2014 und seit 2018 wurde die Dauer des Kurzarbeitergelds erhöht, um Massenentlassungen zu vermeiden. Mit der Einführung des Mindestlohns wurde die zunehmende Armut unter den abhängig Beschäftigten zumindest ein Stück weit eingedämmt. Einige Jahre lang stiegen sogar die Renten wieder netto und real. Mit dem Recht auf einen Kita-Platz sollte die Zerreißprobe berufstätiger Mütter abgemildert werden. Das Versprechen, aus der Atomenergie bis 2022 auszusteigen, war eine Reaktion auf die massenhafte Anti-AKW-Bewegung anlässlich des SuperGAUs in Fukushima; Bund und Länder ergriffen zudem verschiedene, wenn auch völlig unzureichende Maßnahmen gegen die Klimaerwärmung.

Zum **Zweiten** wurde der **Aufbau der Partei »DIE LINKE«** systematisch gefördert, um die deutlich gewachsene Anziehungskraft des Sozialismus in für den Kapitalismus ungefährliche parlamentarische Bahnen zu lenken. Besonders ihre bekanntesten Persönlichkeiten Gregor Gysi, Dietmar Bartsch, Katja Kipping und Bernd Riexinger, Oskar Lafontaine sowie Sahra Wagenknecht bekamen quasi ein Dauer-Abonnement auf Präsenz in Presse, Hörfunk und Fernsehen, vorzugsweise in Talkshows. Zugleich wurde die Isolierung der Marxisten-Leninisten verschärft. Der damalige Vorsitzende der Partei, Gregor Gysi, führte in der Eröffnungsrede des Gründungsparteitags der Partei am 16. Juni 2007 theatralisch aus:

»weil wir so kapitalismuskritisch sind, gibt es viele bei uns, die sich als demokratische Sozialistinnen und Sozialisten verstehen. Na und! Ich behaupte, der demokratische, ich betone das, nicht irgendeiner, nicht ein autoritärer, der kommt mit uns nie wieder in Frage, aber der demokratische Sozialismus, der ist grundgesetzgemäßer als jede Form von Kapitalismus!«

»Grundgesetzgemäß« unterwirft sich Gysi dem kapitalistischen System der BRD. Immerhin rechtfertigt sein Grundgesetz die Alleinherrschaft des Monopolkapitals über die ganze Gesellschaft und den Schutz ihres Eigentums. Alle diejenigen, die sich nach wirklicher Freiheit von dieser Diktatur der Monopole sehnen und für den echten Sozialismus kämpfen, diffamiert Gysi dagegen als Verfechter des *»autoritären Sozia-*

lismus«. Bereits Lenin bemerkte zu solchen opportunistischen Anbetern der »*Grundgesetze der modernen Staaten*«:

»*Man nehme die Grundgesetze der modernen Staaten, man nehme die Methoden, mit denen sie regiert werden, man nehme die Versammlungs- oder Pressefreiheit, die ›Gleichheit der Bürger vor dem Gesetz‹ – und man wird auf Schritt und Tritt die jedem ehrlichen und klassenbewußten Arbeiter wohlbekannte Heuchelei der bürgerlichen Demokratie erblicken.*«[134]

Zum **Dritten** begannen die Herrschenden in Deutschland eine mit den kapitalistischen Regierungen Europas abgestimmte **antikommunistische Kampagne gegen den sogenannten »Stalinismus« und »Maoismus«**. Ausdrücklich erweiterten CDU/CSU und FDP 2009 im Koalitionsvertrag den »Kampf gegen Extremismus« von »einseitiger« Betonung des Rechtsextremismus gegen den sogenannten Linksextremismus:

»*Fortführung der vom Bund geförderten Programme gegen Rechtsextremismus als ›Extremismusbekämpfungsprogramme‹ unter Berücksichtigung der Bekämpfung linksextremistischer und islamistischer Bestrebungen sowie die Erstellung eines Jahresberichts der Bundesregierung zur Aufarbeitung der SED-Diktatur.*«[135]

Der Begriff »Linksextremismus« stammt ursprünglich vom Inlandsgeheimdienst Verfassungsschutz, nachdem die jahrzehntelang geübte Hetze gegen »Radikale« immer weniger verfing. Ministerialrat H. Joachim Schwagerl, jahrzehntelang als Spezialist für Öffentlichkeitsarbeit im Bundesamt für Verfassungsschutz, offenbarte, dass sich in den 1970er-Jahren immer mehr Menschen als »*radikal in dem Sinne bezeich-*

---

[134] »Die proletarische Revolution und der Renegat Kautsky«, Lenin, Werke, Bd. 28, S. 243

[135] Koalitionsvertrag Oktober 2009, www.kas.de

neten, dass sie der Sache auf den Grund oder an die Wurzel gehen wollten«. Eben deshalb *»wichen die offiziellen Stellen des Verfassungsschutzes in ihrem Bericht auf den Begriff ›extrem‹ aus.«*[136]

Was aber ist daran *»extrem«*, das kapitalistische System mit Massenarbeitslosigkeit auf Dauer, zunehmendem Massenelend, Zerstörung der natürlichen Lebensgrundlagen der Menschheit, ausufernden Krisen und wachsender Kriegsgefahr grundsätzlich zu kritisieren, infrage zu stellen und zu bekämpfen? Ist es nicht viel eher extrem, solche Zustände zu verantworten oder sogar noch zu verteidigen?

2010 erließ CDU-Familienministerin Kristina Schröder eine Verwaltungsvorschrift, »Extremismusklausel«[137] genannt, zur Disziplinierung der sozialen Bewegungen. Unter dem Druck einer sich entwickelnden Anti-Antikommunismus-Bewegung musste sie Anfang 2014 entschärft werden.

3.12. Der »propagandistische Antikommunismus« und der »rationale Antikommunismus«

Mit einer antikommunistischen Resolution reagierten die 46 Regierungen aus dem Europarat am 25. Januar 2006 auf die Tatsache, dass der Sozialismus unter den Massen wieder an Ansehen gewonnen hatte. Maßgeblich auf Initiative der deutschen Regierung wurde die Resolution unter dem Titel »Die Notwendigkeit der internationalen Verurteilung von Verbrechen totalitärer kommunistischer Regime« mehrheitlich

---

[136] zitiert nach Markus Mohr, Hartmut Rübner, »Gegnerbestimmung – Sozialwissenschaft im Dienst der ›inneren Sicherheit‹«, S. 199

[137] verlangt ein Bekenntnis zur freiheitlich-demokratischen Grundordnung und untersagt jede Unterstützung »extremistischer« Tätigkeit

verabschiedet. Das Europaparlament legte am 19. September 2019 mit einer Entschließung unter dem Titel »Bedeutung des europäischen Geschichtsbewusstseins für die Zukunft Europas« nach. Diese begrüßte unter anderem, dass bereits in zahlreichen europäischen Staaten kommunistische Symbole verboten waren. Für länderübergreifende antikommunistische Aktivitäten dieser Art bedurfte es neuer Rechtfertigungen.

Das »Schwarzbuch des Kommunismus« von Stéphane Courtois

Originärer Stichwortgeber der Kampagne war das »Schwarzbuch des Kommunismus« von Stéphane Courtois.[138] 2006 begründete er höchstpersönlich die Kampagne vor der parlamentarischen Versammlung des Europarats:

>*»Der Ausspruch ›Die Idee war gut, aber die Menschen haben versagt‹ ist heute ein Klischee. ... Es ist jedoch an der Zeit, eine Bestandsaufnahme der zahlreichen Verbrechen des totalitären Kommunismus der Vergangenheit vorzunehmen und den Kommunismus feierlich zu verurteilen. Wenn wir dies nicht tun, könnte sich ein Gefühl der Nostalgie in den Köpfen der jüngeren Generationen als Alternative zur liberalen Demokratie festsetzen.«[139]*

Um das Festhalten an sozialistischem Gedankengut in der öffentlichen Diskussion als »Nostalgie« herabzuwürdigen, die Kommunisten als ewig Gestrige zu diffamieren, leistete Courtois eine bis dahin einzigartige Fleißarbeit. In seinen antikommunistischen Veröffentlichungen trug er alles zusammen,

---

[138] Courtois betätigte sich in den 1970er-Jahren noch führend in einer kleinbürgerlichen französischen »ML-Gruppierung«, um dann als geläuterter Antikommunist eine wohldotierte Karriere als bürgerlicher Historiker anzutreten.

[139] »Programm zur Parlamentarischen Anhörung über die Notwendigkeit der internationalen Verurteilung der Verbrechen des Kommunismus«, Paris, 14.12.2004

was bisher an Gräuelgeschichten über den Kommunismus verbreitet war, um es noch zu übertreffen. Demnach war das 20. Jahrhundert

»das Jahrhundert der großen Menschheitskatastrophen – zwei Weltkriege und der Nationalsozialismus ... In diese Epoche der Tragödien gehört der Kommunismus, ja, er ... steht ... im Zentrum des Geschehens. Der Kommunismus bestand vor dem Faschismus und vor dem Nationalsozialismus, er hat sie überlebt und sich auf den vier großen Kontinenten manifestiert.«[140]

Die Weltuntergangsstimmung bei Courtois ist Ausdruck der tiefen Krise der bürgerlichen Ideologie. Er stellt das 20. Jahrhundert einseitig als Serie von *»Menschheitskatastrophen«* dar, ignoriert die fortschrittlichen gesellschaftlichen Errungenschaften, die es nicht weniger prägten, oder deutet sie gar negativ.

Nur Antikommunisten können die Oktoberrevolution 1917 in Russland und die Novemberrevolution 1918 in Deutschland ignorieren. Diese beiden bedeutenden Ereignisse trugen wesentlich dazu bei, den Ersten Weltkrieg zu beenden, den Zarismus in Russland und das Kaiserreich in Deutschland zu Grabe zu tragen. In Russland begann der Aufbau des ersten sozialistischen Landes. Auch der Sieg über den Hitler-Faschismus, die neudemokratische Revolution in China nach 1949, die Entstehung des sozialistischen Lagers, in dem zeitweise ein Drittel der Weltbevölkerung lebte, und die Befreiung vieler kolonialer und halbkolonialer Länder in Asien, Lateinamerika und Afrika vom Joch des imperialistischen Kolonialismus prägten das 20. Jahrhundert. Nicht zu vergessen der militärische, politische und moralische Sieg der um ihre

---

[140] Stéphane Courtois, »Schwarzbuch des Kommunismus«, 4. Auflage 1998, S. 13

Befreiung kämpfenden Völker Indochinas über den scheinbar unbezwingbaren US-Imperialismus!

Courtois' gespenstische Inszenierung eines »*Kommunismus im Zentrum der großen Menschheitskatastrophen*« soll den wissenschaftlichen Sozialismus in den Augen der Massen diskreditieren, der im 20. Jahrhundert Überzeugungskraft und Überlegenheit bewiesen hat. Zugleich sollte der Befreiungskampf der internationalen Arbeiterklasse und der vom Imperialismus Unterdrückten in Misskredit gebracht werden. In einer kaum zu überbietenden Demagogie bagatellisiert er den Faschismus, indem er behauptet:

»Die von Lenin erarbeiteten, von Stalin und seinen Schülern systematisierten Methoden lassen an die Methoden der Nazis denken, nehmen sie aber oftmals voraus.«[141]

Während die Kommunisten den Befreiungskampf selbstlos, im Vertrauen auf die eigene Kraft führten und unglaubliche Opfer brachten, wurden die Faschisten von der Großindustrie und den Banken finanziert. Während die Kommunisten in Wort und Tat für die Beseitigung von Ausbeutung und Unterdrückung eintreten, für die höchste Form der Demokratie für die breiten Massen, für internationale Verbundenheit und Solidarität, stehen die Faschisten für blutige Unterdrückung, barbarischen Massenmord und Rassismus. Während die Kommunisten für den Weltfrieden kämpften und niemals einen Krieg begannen, stehen die Faschisten für imperialistische Kriege bis zum bitteren Ende. Wie tief ist jemand moralisch gesunken, wenn er diese beiden einander unversöhnlich gegenüberstehenden Systeme auf eine Stufe stellen kann?

Courtois und die Antikommunismus-Kampagne der EU entwickelten gar die Logik, die proletarische Freiheitsideologie und die Verteidigung des sozialistischen Aufbaus allen

---

[141] »Schwarzbuch des Kommunismus«, S. 27

Ernstes zur Ursache sämtlicher Opfer des Zweiten Weltkriegs zu erklären. Sie knüpften dabei an den Historiker Ernst Nolte an, dessen Standpunkt »Die Zeit« so zusammenfasste:

»Ohne Oktoberrevolution im Jahre 1917, ohne Terrorherrschaft der Bolschewiki unter Lenin und Stalin kein angsterfüllter Adolf Hitler, kein Auschwitz und kein Zweiter Weltkrieg.«[142]

So erklärt Courtois kurzerhand die 24 Millionen Toten der Sowjetunion, die insgesamt 60 Millionen Toten im Zweiten Weltkrieg zu Opfern des Kommunismus. Auf der Grundlage dieser antikommunistischen Zahlenspiele spricht die bürgerliche Geschichtsschreibung inzwischen von »mindestens 100 Millionen Toten«, die der Kommunismus zu verantworten habe. Es ist bezeichnend, dass diese übelste Verlogenheit, Volksverhetzung und Verfälschung der Geschichte der Arbeiterbewegung und des Sozialismus auch noch als modernes *»Geschichtsbewusstsein«*[143] gefeiert wird.

Die niveaulosen bourgeoisen, den Faschismus verharmlosenden Attacken und antikommunistischen Exzesse von Courtois wurden zu einer Grundlage der offiziellen bürgerlichen Geschichtsschreibung. Das führte zweifellos zu einer gewissen Verunsicherung unter den Massen. Allerdings konnte eine solche Hetze die breite Masse der Bevölkerung nie restlos überzeugen. Die Bundeszentrale für politische Bildung wies auf die Schwäche solch platter antikommunistischer Propaganda hin und schlussfolgerte:

*»Grundlegend lassen sich **propagandistischer** und **rationaler Antikommunismus** unterscheiden. Während der als propagandistisch bezeichnete, appellativ und emotional auf-*

---

[142] blog.zeit.de, Ernst Nolte I: »Der Faschismus als Epochenphänomen und der ›kausale Nexus‹«, 31.10.2008

[143] Entschließung 1481 des Europarats

*geladene Antikommunismus funktionalisiert wird, um das
Demokratiekonzept **ex negativo**[144] zu legitimieren, ist der
rationale Antikommunismus dadurch gekennzeichnet, dass er
sich mit Theorie und Praxis des Kommunismus substanziell[145]
und argumentativ auseinandersetzt.«*[146]

Derselbe Autor beschreibt die Defensive des Antikommunismus, wenn er rät, man solle es möglichst vermeiden, überhaupt von Antikommunismus zu sprechen. Besser solle man
einen »wertfreien« Begriff verwenden, denn: *»Wer die Literatur
zum Antikommunismus betrachtet, stößt auf eine irritierende
Erkenntnis. Der Begriff ist durchweg negativ konnotiert ...«.*[147]

Die Variante des »rationalen Antikommunismus«

Als Vertreter des »rationalen Antikommunismus« gilt unter
anderen der Historiker **Gerd Koenen**. Er präsentiert sich als
geläuterter Funktionär des Kommunistischen Bunds Westdeutschlands (KBW) mit besonderen Insiderkenntnissen. Die
Herrschenden hofieren ihn für seine antikommunistischen
Bücher, Ausstellungen und Filme über die sozialistische Sowjetunion und das China Mao Zedongs, finanzieren ihn mit
üppigen Autorenhonoraren und empfehlen seine Bücher auf
Bestsellerlisten – quasi als Gegenleistung. Im Unterschied zu
anderen »Anti-Stalinisten« sieht er die Quellen allen Unheils
bereits bei Lenins weltanschaulichen Entscheidungen. Koenen schrieb 2017 in seinem Buch »Die Farbe Rot«:

---

[144] durch negative Abgrenzung

[145] tatsachengestützt

[146] Rüdiger Thomas, »Antikommunismus – zwischen Wissenschaft und politischer Bildung«, bpb.de, 16.5.2012

[147] Rüdiger Thomas, Zur Auseinandersetzung mit dem deutschen Kommunismus in der Bundeszentrale für Heimatdienst, www.ruedigerthomas.eu,
abgerufen am 23.2.2021

»Insofern kann man in Lenins ›Materialismus und Empirio-kritizismus‹ schon den fatalen Anfangsfehler identifizieren, der die ganze spätere Verfallsgeschichte der Sowjetmacht bestimmt hat«.[148]

Koenen will entweder nicht begreifen oder täuscht bewusst darüber hinweg, dass die Ursache des späteren *»Verfalls«* der Sowjetunion gerade in der Abkehr von den weltanschaulichen Grundlagen des Marxismus-Leninismus seit dem XX. Parteitag der KPdSU 1956 bestand.

Was hat es mit dem Koenenschen Stein des Anstoßes auf sich? Lenins Schrift »Materialismus und Empiriokritizismus« entstand in einer Situation, in der der erste Versuch der sozialistischen Revolution 1905 in einer Niederlage, in massiver Repression durch die Stolypinsche Reaktion[149] und auch in ideologischer Zerfahrenheit der russischen revolutionären und Arbeiterbewegung mündete. Die Sozialdemokratische Arbeiterpartei Russlands verlor drei Viertel ihrer Mitglieder.

Diese Verwirrung hatte nicht allein politische, sondern auch weltanschauliche Gründe. Diese manifestierten sich in der für diese Zeit bedeutendsten philosophischen Auseinandersetzung zwischen dialektisch-materialistischer und idealistischer Philosophie.

Es war eine Zeit großer Fortschritte in den naturwissenschaftlichen Erkenntnissen, vor allem in Physik und Chemie. Mit der Entdeckung der Elektroenergie entstand spontan die idealistische Vorstellung einer »Bewegung ohne Materie«. Viele Wissenschaftler stellten nun den Materialismus generell infrage, kehrten zu idealistischen Theorien zurück, entwi-

---

[148] S. 639/640

[149] nach Pjotr Stolypin, ab 1906 Innenminister Russlands unter Zar Nikolaus II.

ckelten sie unter neuen Namen wie Empiriokritizismus und Neopositivismus.

Lenin entwickelte in seiner Schrift »Materialismus und Empiriokritizismus« den Materialismus weiter. Diese Streitschrift bewirkte, dass die revolutionäre Bewegung wieder einen »klaren Kopf« bekam und sich festigte. Zweifellos stellte das ein **entscheidendes weltanschauliches Vorgefecht** der Bolschewiki für die später erfolgreiche sozialistische Oktoberrevolution dar.

Koenen kritisiert Lenin, weil er all die hochtrabenden theoretischen Konstrukte wie die der Machisten[150] widerlegte und attackierte. Diese schwenkten die Fahne der Vereinigung von Materialismus und Idealismus, von bürgerlicher Ideologie und Marxismus und dünkten sich dabei besonders modern. Lenin dagegen verteidigte konsequent den dialektischen Materialismus und wies nach, dass es keine »dritte Ideologie« zwischen Materialismus und Idealismus geben kann. Gerade darüber empört sich Koenen:

»Da es zwischen Idealismus und Materialismus keine ›dritte Ideologie‹ gab, waren alle philosophischen und wissenschaftlichen Theorien Instrumente des Kampfs mit der ›bürgerlichen Ideologie‹.«[151]

Lenins Feststellung, dass die verschiedenen Spielarten der bürgerlichen Ideologie in ihrem Idealismus identisch sind, deutet Koenen als Dogmatismus und Widerstand gegen »modernes Gedankengut«. Im Jargon des Historikers Plaggenborg heißt das analog, *»immun zu sein gegen Einflüsse des modernen Denkens«*, was *»ein Grundzug der späteren Sowjetunion«* blieb.[152]

---

[150] Philosophische Schule um den kleinbürgerlichen Theoretiker und Physiker Ernst Mach (1838–1916)

[151] Gerd Koenen, »Die Farbe Rot«, S. 639

[152] Stefan Plaggenborg, »Experiment Moderne. Der sowjetische Weg«, S. 67; Prof. Plaggenborg lehrt an der Ruhruniversität Bochum.

Unsere beiden Philosophen sind so tief im Schlamassel der bürgerlichen Ideologie und des Antikommunismus befangen, dass sie einen solchen weltanschaulichen Klärungsprozess in der Arbeiterbewegung, wie Lenin ihn führte, als Ende, ja gar als Unterdrückung des *»modernen Denkens«* ansehen. »Modernes Denken« im Sinn der bürgerlichen Ideologen ist jedoch nichts anderes als eine schwammige Beschreibung der Anpassung an die aktuell herrschende Weltanschauung und Denkweise. Es schließt bereitwillig alles in sich ein, was vom Marxismus-Leninismus abweicht, den Antikommunismus fördert und den Aufbau des Sozialismus diskreditiert.

Als ein besonderes Gütesiegel zelebriert Koenen, dass er versucht, Lenin mit Marx zu kritisieren. »Marxismus« sei eine Erfindung Lenins, womit *»der ganze und fragmentarische Denkkosmos von Marx auf eine kompakte, abgeschlossene, eindeutige ›Lehre‹ eingedampft«*[153] worden sei. Das war nach Koenens Lehrmeinung der Ursprung allen Übels. Lenins

»fatalste Innovation war eben die: den offenen Pluralismus des Marxismus auszulöschen und damit die Notwendigkeit zu leugnen, von den Marx'schen Theoriefragmenten aus selbständig weiterzudenken, sich den neuen Fragen neuer Zeiten zu stellen, die überkommenen Lehrsätze ... immer wieder zu revidieren.«[154]

In Wirklichkeit drückt diese Quintessenz der Koenenschen Kritik an Lenin gleich in doppelter Hinsicht die fatalste Unkenntnis oder auch bewusste Verfälschung sowohl des Marxismus als auch des Leninismus aus.

Erstens haben es Marx und Engels explizit als ihre Aufgabe angesehen, eine in sich **geschlossene Theorie des wissenschaftlichen Sozialismus** auszuarbeiten, und zwar partei-

---

[153] »Die Farbe Rot«, S. 581

[154] ebenda

lich, das heißt im Interesse der Arbeiterklasse. Den Marxismus auf einen Marxschen »*fragmentarischen Denkkosmos*« oder auf »*Theoriefragmente*« zu reduzieren, hieße, Marx auf Inhalt und Methode positivistischer Teilerkenntnisse im Stil der bürgerlichen Wissenschaft (oder des Koenenschen Buchs »Die Farbe Rot«) herabzuwürdigen.

Koenen selbst ist offenbar nur in der Lage, in »Theoriefragmenten« zu denken, er unterscheidet nicht zwischen Gesetzmäßigkeiten und konkreten Erscheinungen. Auf einer Veranstaltung im August 2020 stellte er richtig fest, dass wir uns in einer komplexen Welt befinden. Doch folgerte er daraus: »*Das alles unter den Begriff ›Kapitalismus‹ zu bringen, ist eine Reduktion, die fast nichts mehr erklärt!*«[155]

Es ist eine Binsenweisheit, dass der Kapitalismus in einem afrikanischen Land konkret anders in Erscheinung tritt als bei der imperialistischen Supermacht USA oder im sozialimperialistischen China. Alle kapitalistischen Länder werden aber in einem allgemeingültigen Kern identisch: Kapital wird durch die Aneignung unbezahlter Mehrarbeit der Lohnarbeiter vermehrt, Produktion und Reproduktion sind nach der kapitalistischen Warenproduktion organisiert und nicht nach den Bedürfnissen von Mensch und Natur oder eines »freien Markts«. Die bürgerliche Staats- und Familienordnung gewährleistet das Funktionieren des gesellschaftlichen Lebens, solange die Herrschaft der Ausbeuterklasse aufrechterhalten bleibt.

Koenen stellt in Abrede, dass Marx überhaupt den Anspruch einer geschlossenen kommunistischen Weltanschauung gehabt habe. Er leugnet gar, dass Marx sich als Kommunist bezeichnet habe. Die »Kleinigkeiten« in Marx' Schaffen, dass

---

[155] Transkript der Veranstaltung »Lenin – ein rotes Tuch?« am 22. 8. 2020 in Gelsenkirchen, Wortbeitrag Gerd Koenen

er gemeinsam mit Friedrich Engels das »Manifest der **Kommunistischen Partei**« verfasst hat und entschlossen darum kämpfte, dass der »Bund der Gerechten« in »Bund der **Kommunisten**« umbenannt wurde, übersieht Koenen geflissentlich in seinem antikommunistischen Eifer.

Der wissenschaftliche Sozialismus entstand natürlich nicht von heute auf morgen, sondern aus anfänglichen »Theoriefragmenten« in einer jahrzehntelangen wissenschaftlichen Arbeit. Engels schildert im Vorwort zur 2. Auflage des »Anti-Dühring«, wie Marx und er nach einer langen Inkubationszeit[156] aus der Kritik und allseitigen Polemik an den Dühringschen Auffassungen in ihrer ganzen Bandbreite zu einer zusammenhängenden Darstellung der dialektischen Methode und der kommunistischen Weltanschauung kamen:

»Die negative Kritik wurde damit positiv; die Polemik schlug um in eine mehr oder minder **zusammenhängende Darstellung der von Marx und mir vertretnen dialektischen Methode und kommunistischen Weltanschauung,** *und dies auf einer ziemlich umfassenden Reihe von Gebieten. Diese unsre Anschauungsweise hat, seit sie zuerst in Marx' ›Misère de la philosophie‹ und im ›Kommunistischen Manifest‹ vor die Welt trat, ein reichlich zwanzigjähriges Inkubationsstadium durchgemacht«.*[157]

Zweitens gehörte ein unendlicher Forscherdrang von Anfang an zum Marxismus als schlüssiger Theorie, anders hätte er nicht der sich ständig weiterentwickelnden Wirklichkeit gerecht werden können.

---

[156] Engels hebt eigens hervor, dass der ganze ausführliche Teil über die Politische Ökonomie im Anti-Dühring von Marx geschrieben wurde.

[157] Friedrich Engels, »Herrn Eugen Dühring's Umwälzung der Wissenschaft«, Vorwort zur 2. Aufl. 1885, Marx/Engels, Werke, Bd. 20, S. 8, Hervorhebung Verf.

Koenen verurteilt Lenins Definition des Marxismus als dogmatisch, starr und unveränderlich. Tatsächlich vulgarisiert und verfälscht er mutwillig die dialektische Methode und den marxistisch-leninistischen Wissenschafts- und Theoriebegriff.

Koenens Leitbild ist der angeblich »*undogmatische Prozess*«, »*überkommene Lehrsätze immer wieder zu revidieren*«. Schwarz oder weiß – Revision oder Unveränderlichkeit, weiter sieht der Metaphysiker Koenen nicht. Er kennt nur die zweifelhafte Methode der einfachen Negation und den positivistischen, prinzipienlosen und rein nachvollziehenden Maßstab für Wissenschaft. Dabei gilt für ihn immer als einziges, natürlich streng einzuhaltendes Dogma, keinesfalls den Kapitalismus grundsätzlich infrage zu stellen.

Seit Marx und Engels ist der wissenschaftliche Sozialismus dagegen gekennzeichnet vom dialektischen Prozess der **Vereinigung von Analyse und Synthese**. Seither bestehende »Lehrsätze« dienen als Ausgangssynthese, deren Veränderung in der Realität möglichst allseitig analysiert wird, um mit dem neu gewonnenen Material eine neue, höhere Synthese zu bilden. Auf diese Weise entsteht ein **unendlicher Erkenntnisfortschritt**, der für den Marxismus-Leninismus charakteristisch ist. Mit einer dialektischen Negation der Negation baut er stets auf vorherigen Erkenntnissen auf, anstatt sie wie Koenen »*immer wieder zu revidieren*«.

Friedrich Engels verstand den wissenschaftlichen Sozialismus als »*Wissenschaft des Gesamtzusammenhangs*«[158], die durch die konkrete Analyse der konkreten Situation ständig mit neuen Erkenntnissen bereichert wird

Genau entgegengesetzt zum antikommunistischen Mythos des Dogmatismus und der Erstarrung ist damit die Leben-

---

[158] »Dialektik der Natur«, Marx/Engels, Werke, Bd. 20, S. 307

digkeit, Beweglichkeit und das ausgeprägte Interesse an
**neuen Erscheinungen und wesentlichen Veränderun-
gen** Grundbestandteil der marxistisch-leninistischen Theorie
und Praxis. Dieser **systemische Erkenntnisfortschritt** ist
identisch mit der Entwicklung von der relativen zur absoluten
Wahrheit. Lenin schrieb dazu in dem von Koenen gebrand-
markten Buch »Materialismus und Empiriokritizismus«:

>*»Ihr werdet sagen: Diese Unterscheidung zwischen relativer
>und absoluter Wahrheit ist unbestimmt. Ich antworte darauf:
>Sie ist gerade ›unbestimmt‹ genug, um die Verwandlung der
>Wissenschaft in ein Dogma im schlechten Sinne dieses Wortes,
>d. h. in etwas Totes, Erstarrtes, Verknöchertes zu verhindern,
>sie ist aber zugleich ›bestimmt‹ genug, um sich auf das ent-
>schiedenste und unwiderruflichste ... vom philosophischen
>Idealismus ... abzugrenzen.«*[159]

Während Gerd Koenen dogmatisch und vollkommen erstarrt
in seinem Antikommunismus befangen bleibt, stellt Professor
Plaggenborg immerhin anerkennend fest, welche durchschla-
genden Erfolge Lenin aufgrund der Klarheit der von ihm ange-
wandten dialektisch-materialistischen Theorie und Methode
erzielt hat:

>*»Dieser Lenin war ... ein Analytiker der Revolution, des-
>sen marxistisch durchrationalisiertes Revolutionsgebäude der
>einzige Leuchtturm der Gewissheit in der aufgewühlten Zeit
>schien. Diese Gewissheit ließ ihn, der im Sommer 1917 schei-
>terte, nicht aufgeben und im Oktober zum Erfolg kommen. Ra-
>tionale Durchdringung, schlagende Einfachheit der Schluss-
>folgerung und unerschütterliches Vertrauen in die Richtigkeit
>der Analyse, das ist etwas gänzlich anderes als politisches
>Roulette. Die Stärke, die Lenin gegenüber anderen Bolschewiki*

---

[159] Lenin, Werke, Bd. 14, S. 131

und besonders gegenüber den alles verkomplizierenden Menschewiki auszeichnete, war die unerschütterliche und durch keine Zweifel getrübte Gradlinigkeit des Gedankens.«[160]

3.13. Der Münchener Prozess gegen die kommunistische Freiheitsideologie

Der moderne Antikommunismus der Regierung Merkel äußert sich keinesfalls nur auf ideologischem Gebiet. Sein Zweck ist die Rechtfertigung offen unterdrückerischer Maßnahmen gegen den Marxismus-Leninismus. Exemplarisch deutlich wurde dies im »Münchener Kommunistenprozess« gegen die Kommunistische Partei der Türkei/Marxistisch-Leninistisch (TKP/ML).

Am 17. Juni 2016 begann vor dem Staatsschutzsenat des Oberlandesgerichts München[161] der größte Staatsschutzprozess in Deutschland seit Ende der 1980er-Jahre. Angeklagt waren zehn Kommunistinnen und Kommunisten aus der Türkei/Nordkurdistan wegen Mitgliedschaft in einer sogenannten »terroristischen Vereinigung« im Ausland (§§ 129 a/b Strafgesetzbuch). Ihnen wurde vorgeworfen, das sogenannte Auslandskomitee der TKP/ML in Europa gebildet zu haben. Dabei ist die TKP/ML nur in der Türkei, nicht aber in der Europäischen Union oder in Deutschland verboten. Sie steht auch auf keiner der nationalen und internationalen »Antiterrorlisten«. Keinem der Angeklagten wurden persönlich Gewalttaten oder andere strafbare Handlungen in Deutschland vorgeworfen. Eine Hauptmethode der Prozessführung war die **Kriminalisierung der marxistisch-leninistischen Weltanschauung**.

---

[160] »Experiment Moderne. Der sowjetische Weg«, S. 62

[161] Sondergericht aufgrund antikommunistischer Gesetzgebung der 1950er-Jahre

Bundeskriminalamt und Bundesanwaltschaft hatten die Ermittlungen bereits seit 2006 mit umfangreicher Observation von Wohnungen und Autos der Angeklagten, von Telefon- und Internetnutzung begonnen. Im April 2015 wurden sie in einer europaweit koordinierten Operation auf Initiative der Merkel-Regierung verhaftet und zur Anklage nach Deutschland gebracht. Die Anklageschrift des Generalbundesanwalts vom 4. Januar 2016 verfolgte drei antikommunistische Grundlinien.

1.) Angriff auf die Weltanschauung der Kommunisten

Die Anklageschrift führte aus:

»Neben der Ideologie des Marxismus-Leninismus vertritt die TKP/ML auch die Ideen Mao Tse-tungs.« (S. 7)

Damit folgte die Anklage dem modernen Antikommunismus, der besonders den sogenannten »Stalinismus« und »Maoismus« attackiert.

Große Sorge bereitete der Anklage *»die ideologische Aus- und Fortbildung der Mitglieder und Unterstützer der Vereinigung«* (S. 15), die der *»Verbreitung der Organisationsideologie dienenden Massenaktivitäten«* (S. 24), Aktivitäten, um *»deren Ideologie zu verbreiten sowie neue Mitglieder, Unterstützer und Sympathisanten für die Vereinigung zu gewinnen«* (S. 35) sowie eine vermeintliche *»Ideologisierung der in Westeuropa lebenden türkischstämmigen Bevölkerung«* (S. 146).

Besonders störte die Justiz die Absicht, *»den teilnehmenden Jugendlichen die Ideologie und die Ziele der TKP/ML nahezubringen«* (S. 148/149), sowie die *»Zusammenarbeit mit anderen ideologisch nahestehenden Organisationen und Gremien auf nationaler und internationaler Ebene«* (S. 166).

Den Gipfel des »Verbrechens« bildete, dass *»nach der Satzung der TKP/ML ... die Vereinigungsmitglieder und Mit-*

gliedschaftsanwärter verpflichtet (sind), *sich permanent ideologisch fortzubilden«* (S. 174).

Obwohl es in dem ganzen Prozess vor allem darum ging,
die marxistisch-leninistische Ideologie zu kriminalisieren,
beschwor der Vertreter der Bundesanwaltschaft in seinem
Plädoyer allen Ernstes die »Ideologiefreiheit« des Prozesses:

*»Der Prozess hat – seinem Zweck folgend – alleine Tatsachen
auf ihre strafrechtliche Relevanz zu überprüfen, ihm ist das
Moralisieren und Ideologisieren, und insbesondere sich selbst
Überhöhen als Selbstzweck, fremd.«*

»Unzulässig ideologisierend« war es demnach, die gesellschaftlichen Umstände der faschistischen Diktatur in der
Türkei zu kritisieren, gegen die sich der Kampf der TKP/ML
richtet. Die **Kriminalisierung der kommunistischen Freiheitsideologie** ist die armseligste Form des ideologischen
Kampfs der Bourgeoisie. Das ganze Gerichtsverfahren geriet
zu einer Machtprobe mit dem Ziel der Unterdrückung der
marxistisch-leninistischen Weltanschauung.

2.) Die Charakterisierung der TKP/ML als »terroristisch«

In seiner Anklageschrift behauptet der Bundesanwalt, dass
die Angeschuldigten

*»als Mitglieder sich an einer Vereinigung im Ausland be-
teiligt ... haben, deren Zwecke und deren Tätigkeiten darauf
gerichtet sind, Mord (§ 211 StGB) oder Totschlag (§ 212 StGB)
zu begehen.«* (Anklageschrift S. 6)

In der Pressemitteilung des Oberlandesgerichts München
vom 28. Juli 2020 musste selbst das Gericht zugeben, dass

*»die Angeklagten an den Anschlägen der Vereinigung selbst
zwar nicht beteiligt waren.«* Jedoch: *»Nach den Feststellungen
des Senats förderten sie aber die Zwecke der Vereinigung in*

Kenntnis ihrer terroristischen Ausrichtung durch Betätigung in verschiedenen Gremien.«[162]

Die angeklagten Kommunisten werden also im Wesentlichen wegen ihrer marxistisch-leninistischen Weltanschauung zu Förderern des »Terrorismus« erklärt. Hier wird zur praktischen Unterdrückung, was die Europäische Union 2001 beschloss:

»*Danach ist eine Handlung als ›terroristisch‹ zu bekämpfen, ›wenn sie mit dem Ziel begangen wird, … eine Regierung oder eine internationale Organisation unberechtigterweise zu einem Tun oder Unterlassen zu zwingen oder die politischen, verfassungsrechtlichen, wirtschaftlichen oder sozialen Grundstrukturen eines Landes oder einer internationalen Organisation ernsthaft zu destabilisieren oder zu zerstören‹*«. (»Amtsblatt der Europäischen Gemeinschaften«, 28. Dezember 2001, L 344, S. 93).«[163]

Seit der Rechtsentwicklung fast aller imperialistischen Regierungen haben die Faschisierung der Staatsapparate und der Staatsterrorismus erheblich zugenommen. Seitdem werden Befreiungsbewegungen verstärkt als terroristisch verunglimpft. Rechtsanwalt Roland Meister erklärte in seinem Plädoyer in dem Prozess:

»*Die TKP/ML als eine Organisation zur Begehung von Mord und Verbrechen zu bezeichnen … geht auf einen gefährlichen sogenannten ›praktischen Rechtspositivismus bzw. Gesetzespositivismus‹ zurück, der gefährlich nahe an juristische Rechtfertigungslinien diktatorischer Regime kommt. Mit dieser Argumentation könnten auch das Attentat auf Heydrich*[164] *oder*

---

[162] Oberlandesgericht München, Pressemitteilung 35 vom 28. 7. 2020

[163] zitiert nach: »Morgenröte der internationalen sozialistischen Revolution«, S. 256/257

[164] Reinhard Heydrich, führender Faschist, in der SS und Gestapo beauftragt mit der Vernichtung der europäischen Juden. Im Mai 1942 töteten ihn tschechische Antifaschisten bei einem Attentat in Prag.

die Sprengstoffanschläge von Partisanen in Frankreich oder Griechenland gegen die faschistische deutsche Besatzungsarmee heute als terroristisch verurteilt werden.«

3.) Kriminalisierung des Befreiungskampfs der Kurden in Rojava

Nach Ansicht der Anklageschrift *»berieten die Angeschuldigten schließlich, durch ein Engagement der TKP/ML bei den kriegerischen Auseinandersetzungen in der Region Rojava/Syrien neue Aktionsbündnisse mit anderen terroristischen Gruppierungen zu schließen«* (Anklageschrift, S. 265).

Staatsanwaltschaft und Gericht stuften den Befreiungskampf der kurdischen Selbstverteidigungseinheiten YPG und YPJ in Rojava/Westkurdistan, den US-Streitkräfte gegen den faschistischen »Islamischen Staat« (IS) zeitweilig taktisch unterstützten, als terroristisch ein. Entsprechend warfen sie den Angeklagten vor, sich mit dem »Terrorismus« verbündet zu haben, was eine »terroristische Aktivität« darstellen würde. Diese hanebüchene Argumentationslinie ist international umstritten, selbst in bürgerlichen Kreisen. Dazu führte Anwalt Roland Meister aus:

»Mit Desinteresse bis völliger Ignoranz hatten Staatsschutzbehörden und Justiz in Deutschland ... auf die Entscheidung des Kassationshofs (oberstes Gericht) *in Belgien vom 28. 1. 2020 reagiert, wonach die PKK keine ›terroristische Organisation‹, sondern eine Partei in einem bewaffneten Konflikt ist.«*

Müslüm Elma, der in München zusätzlich der Rädelsführerschaft angeklagt war, sagte am 6. Juli 2020 in seiner letzten Erklärung während des Prozesses:

»Der Vorwurf des ›Terrorismus‹ ist eine der größten Lügen des 20. und 21. Jahrhunderts, den sich die imperialistischen Räuber und ihre Kollaborateure zusammengedichtet haben, um die Verbrechen, die sie an den unterdrückten Völkern der

Welt begangen haben, zu verschleiern und um deren legitimen Kampf zu diffamieren.«

Am 28. Juli 2020 verurteilte der 7. Staatsschutzsenat des Oberlandesgerichts München die zehn Angeklagten zu Freiheitsstrafen zwischen zwei Jahren neun Monaten und sechs Jahren sechs Monaten. Gegen das Urteil wurde Revision eingelegt.[165]

Der Prozess und das Urteil setzen am KPD-Verbotsurteil von 1956 an, welches die Bereitschaft, den Marxismus-Leninismus auf die Praxis der revolutionären Veränderung der kapitalistischen Gesellschaft anzuwenden, in das Zentrum der Begründung rückte. Das Gericht erweiterte die rechtlichen Möglichkeiten, gegen revolutionäre Kräfte und die Solidarität mit ihnen vorzugehen, indem es die marxistisch-leninistische Weltanschauung über den Paragraphen 129 a/b willkürlich mit »Terrorismus« in Verbindung brachte.

Es gelang den Herrschenden jedoch nicht, aus dem Prozess einen erfolgreichen antikommunistischen Schauprozess zu machen. Dies scheiterte an der unbeugsamen Kampfmoral aller Angeklagten und der wachsenden Solidarität mit ihnen, an der offensiven Verteidigung, aber auch an der zunehmenden Kritik der Öffentlichkeit an staatlichen Repressionen und der Faschisierung des Staatsapparats.

Vorbeugejustiz durch »Gefährdereinstufung«

Im Frühjahr 2018 anlässlich des Rebellischen Musikfestivals in Truckenthal wurde Stefan Engel neben vier Organisatoren von der Polizeidirektion Saalfeld in Thüringen zum »Gefährder« erklärt. Als einziger der zehn aus Politik und Kultur stammenden Schirmherren des Festivals wurde er bezichtigt,

---

[165] Ein schriftliches Urteil lag zum Zeitpunkt der Fertigstellung dieses Buchs noch nicht vor.

das Auftreten der türkischen Musikgruppe Grup Yorum zu
unterstützen. Als Vorwand diente die unwahre Behauptung,
Grup Yorum sei Teil einer ausländischen terroristischen Vereinigung. Obwohl dieser ungeheuerliche Vorwurf gerichtlich
zurückgewiesen wurde, wurde Stefan Engel von der Thüringer
Generalstaatsanwaltschaft bislang das Recht verwehrt, gegen
die »Gefährder«-Einstufung gerichtlich vorzugehen bzw. die
Urheber dieser Diffamierung strafrechtlich zu belangen.

Der politische Hintergrund, Stefan Engel als »Gefährder« zu
kriminalisieren und ihn damit jederzeitiger Bespitzelung, Ver-
haftung und Verfolgung auszusetzen, ist in Wirklichkeit seine
führende Rolle in der Weiterentwicklung der marxistisch-leninistischen Theorie und Praxis der MLPD. Nicht zufällig warnte der Bundesverfassungsschutz in seinem Bericht des Jahrs
2018 vor »*Linksextremisten*«, die »*mit ihren umfangreichen
Analysen das Potenzial* (bieten)*, um als ›geistige Brandstifter‹
... ideologisch zu inspirieren.*«

Die Kriminalisierung der marxistisch-leninistischen Weltanschauung beweist eindrücklich die Krise der bürgerlichen
Ideologie und ihre wachsende Unfähigkeit, die Massen positiv
zu binden. So suchen die Herrschenden ihren Ausweg in der
zunehmenden Faschisierung des Staatsapparats und in der
**Verschärfung der antikommunistischen Diffamierung
und Unterdrückung**.

Der Kampf gegen den Antikommunismus gehört zu den
grundlegenden Aufgaben des Kampfs um die Verteidigung
und Erweiterung der bürgerlich-demokratischen Rechte und
Freiheiten. Die Verteidigung bürgerlich-demokratischer Rechte und Freiheiten ohne Abgrenzung vom Antikommunismus
bleibt dagegen ein leeres Wort.

3.14. Die antikommunistische Mär vom »linken Antisemitismus«

Der modifizierte moderne Antikommunismus unter den Merkel-Regierungen nutzte sich, ausgehend von der Weltwirtschafts- und Finanzkrise 2008 bis 2014, deutlich ab. Davon zeigte sich 2018 auch das – der Marxschen Lehre unverdächtige – bürgerliche Manager-Magazin CIO sichtlich beeindruckt:

»Seit der Finanzkrise 2008 erlebt Marx ein Comeback. ... Wer sich die Zeit nimmt, einen Nachmittag bei ›Charlie‹ (am Grab von Karl Marx in London) zu verbringen, kommt schnell zu dem Schluss: 200 Jahre nach seiner Geburt in Trier am 5. Mai 1818 und 29 Jahre nach dem Mauerfall ist Karl Kult.«[166]

2015 strömten Flüchtlinge zu Hunderttausenden nach Europa, weil der Imperialismus einem wachsenden Teil der Menschheit die Lebensgrundlagen raubt. In der BRD engagierten sich elf Millionen Menschen in solidarischen Initiativen oder mit Spenden. Die bürgerliche Flüchtlingspolitik und das gesamte gesellschaftliche System der kleinbürgerlichen Denkweise gerieten in eine tiefe Krise.

Der gestärkte fortschrittliche Stimmungsumschwung führte während des Bundestagswahlkampfs 2017 zur wachsenden Bekanntheit der MLPD. Aufgrund ihrer zunehmenden Präsenz in sämtlichen fortschrittlichen Bewegungen wurde **massenhaft über die MLPD diskutiert.** Bisherige Sprachregelungen des Verfassungsschutzes über die MLPD wie »vom Verfassungsschutz beobachtet« oder »linksextremistisch« verloren zunehmend ihre abschreckende Wirkung.

Die **israelische Netanjahu-Regierung** startete 2015 eine **Kampagne** mit dem Vorwurf des »linken Antisemitismus« ge-

---

[166] Magazin CIO, 26.4.2018

gen jede Kritik an der imperialistischen Politik Israels
und an ihrer Unterdrückung des gerechten Befreiungskampfs des palästinensischen Volks im Allgemeinen und
die Marxisten-Leninisten im Besonderen. Unterstützt wurde
sie dabei von der deutschen Bundesregierung. Initiatoren dieser Schmutzkampagne in Deutschland waren insbesondere
Benjamin Weinthal von der ultrareaktionären Zeitung »Jeru-
salem Post« und eine deutsch-israelische Abgeordnetengruppe
im Deutschen Bundestag um Volker Beck von den »Grünen«.

Demagogisch wurde die Kandidatur von fortschrittlichen
Palästinensern zur Bundestagswahl 2017 auf der Internationalistischen Liste/MLPD als Wahlbündnis mit einer »Terror-
organisation«[167] gebrandmarkt. Die MLPD unterstützt die
Existenzberechtigung eines israelischen Staats, kritisiert
aber, dass das imperialistische Israel völkerrechtswidrig den
größten Teil Palästinas besetzt hält und dessen Bevölkerung
willkürlich enteignet, vertreibt und mordet. Bis heute wird
dem palästinensischen Volk ein eigenständiger Staat verwei-
gert. Von 1967 bis 2020 gab es 211 Resolutionen der UNO
zur Lage im Nahen Osten, in denen die Annexionspolitik
Israels als Verstoß gegen das Völkerrecht verurteilt wurde,
doch sämtliche Regierungen Israels ignorierten das bisher.

Die berechtigte Kritik an der reaktionären Politik der israelischen Regierung als »linken Antisemitismus« umzudeu-
ten, ist reine Demagogie. Der Antisemitismus hat eine lange Geschichte, entwickelte sich zu einer offen rassistischen
Form der bürgerlichen Ideologie, die bis zum systematischen
Völkermord an Millionen europäischer Juden durch den Hitler-Faschismus führte. Der Marxismus-Leninismus und seine
führenden Repräsentanten bekämpfen den Antisemitismus
seit jeher grundsätzlich.

---

[167] rf- news, 2.8.2019

Lenin verfasste zahlreiche Schriften, in denen die Judenpogrome und der Antisemitismus gegeißelt wurden. Seine vielfach als »roter Terror« verunglimpfte Politik nach der Oktoberrevolution 1917 richtete sich nicht zuletzt gegen Judenpogrome des konterrevolutionären weißen Terrors, dem *»nach neueren Schätzungen ... bis zu 150 000 Juden«* zum Opfer fielen.[168]

Als Schlussfolgerung aus dem Holocaust setzte sich die damals sozialistische Sowjetunion unter Stalins Führung aktiv für die Schaffung eines jüdisch/arabischen Staats ein. Am 14. Mai 1948 war sie das erste Land der Welt, das den Staat Israel anerkannte. Der Vielvölkerstaat Sowjetunion hatte den Juden schon lange den Status einer Nationalität eingeräumt und ihnen weitgehende Rechte wie eigene Schulen, besondere Förderung ihrer Kultur, Sprache und so weiter gewährt. 1934 gründete die Sowjetunion mit der Oblast Birobidschan ein autonomes jüdisches Gebiet – fast doppelt so groß wie Palästina. Stalin schrieb 1931 zu dieser Frage:

»Der Antisemitismus dient den Ausbeutern als Blitzableiter, der die Schläge der Werktätigen vom Kapitalismus ablenken soll. ... Darum sind die Kommunisten als konsequente Internationalisten unversöhnliche und geschworene Feinde des Antisemitismus.«[169]

Das reaktionäre Spiel der »Antideutschen«

Als militante Fronttruppe der neuen Facette des modernen Antikommunismus betätigen sich zunehmend die sogenannten »Antideutschen«. In Deutschland, Israel und den USA sind sie finanziell, personell und propagandistisch bestens ausgerüstet. Sie verfügen auch über engste Beziehungen

---

[168] Prof Dr. Smail Rapic, Bergische Universität Wuppertal, Vorträge 2011 in Solingen und Remscheid

[169] Stalin, Werke, Bd. 13, S. 26

zum israelischen Geheimdienst Mossad. Mit dem Vorwurf des »linken Antisemitismus« versuchen sie, den wachsenden Einfluss fortschrittlicher Menschen, von Antiimperialisten und Marxisten-Leninisten auf die Bevölkerung einzudämmen und zu zersetzen. Insbesondere zielen sie darauf ab, den Zusammenschluss des palästinensischen Befreiungskampfs mit der internationalen revolutionären Bewegung zu verhindern.

Ursprünglich aus dem Zerfall der kleinbürgerlichen »radikalen Linken« in den 1990er-Jahren entstanden, bilden die »Antideutschen« keine einheitliche Organisation, führen jedoch Tagungen und Konferenzen durch und sind in Organisationen wie der Deutsch-Israelischen Gesellschaft (DIG) tätig. Zur Organisierung ihrer Wühlarbeit in den Massenbewegungen tummeln sich ihre Ideologen, Publizisten und Träger in verschiedenen bürgerlichen Parteien wie den »Grünen«, in Jutta Ditfurths Gruppe ÖkoLinX, bei den Jungsozialisten oder in der FDP. Ebenso treiben sie ihr Unwesen im Gewerkschaftsapparat, in diversen Stiftungen wie der Amadeu Antonio Stiftung, in NGOs, in sozialen Bewegungen, bei Zeitschriften und auf Online-Plattformen.

Auch Politikerinnen und Politiker der Partei »DIE LINKE« wie ihre Wortführerin Katharina König-Preuß, Abgeordnete im Landtag von Thüringen, verbreiten äußerst aggressiv die antideutsche Mär vom »linken Antisemitismus«. Während sich die »Antideutschen« betont antifaschistisch geben, stehen ihre Ansichten vollständig in Übereinstimmung mit der imperialistischen Politik der deutschen Regierung gegenüber der imperialistischen Regionalmacht Israel.

In ihrer spalterischen Tätigkeit sind die »Antideutschen« extrem undemokratisch. Sie infiltrieren Bündnisse, intrigieren, erpressen, diffamieren, verleumden und bedrohen ihre politischen Gegner. Sie attackieren öffentliche Veranstaltungen, organisieren gewalttätige Eklats auf Demonstrationen, sprengen Aktionseinheiten, versuchen, Marxisten-Leninisten das Tragen von Parteifahnen zu verbieten, zerstören ihre Flugblätter, Broschüren oder Fahnenstangen.

Den antikommunistischen Charakter der den Herrschenden willkommenen »Antideutschen« plauderte der Geheimdienstmann Rudolf van Hüllen, ehemaliger ultrareaktionärer Leiter des Referats »Linksextremismus« beim Bundesamt für Verfassungsschutz, recht offen aus:

»Die Herausbildung der ›antideutschen‹ Strömung und ihrer unterschiedlichen Facetten stellt eine der interessantesten Entwicklungen im deutschen Linksextremismus seit langem dar. ... Denn schließlich ist es ein gravierender Unterschied, ob man sich wie die israel-solidarischen ›Antideutschen‹ mit der einzigen gefestigten Demokratie im Nahen Osten oder wie die ›Antiimperialisten‹ mit Terroristen von der PFLP bis zur Hamas solidarisiert.«[170]

Die Diffamierung der PFLP (Volksfront zur Befreiung Palästinas) als »Terroristen« bezweckt, den palästinensischen Befreiungskampf mit so viel Dreck zu bewerfen, dass irgendetwas schon hängen bleibt. Die PFLP ist die zweitgrößte weltliche Befreiungsorganisation in Palästina. Ihre in Europa organisierten Sympathisanten sind Mitglied der revolutionären und antiimperialistischen Weltorganisation ICOR[171]. Diese lehnt den Antisemitismus wie jede Form von Rassismus ab und vertritt den proletarischen Internationalismus. Sie ist keinesfalls mit faschistischen, islamistisch verbrämten Gruppen wie der Hamas oder dem »Dschihad« gleichzusetzen und respektiert in ihrem Befreiungskampf das Existenzrecht des

---

[170] Bundeszentrale für politische Bildung, 5.1.2015

[171] International Coordination of Revolutionary Parties and Organizations – Internationale Koordinierung Revolutionärer Parteien und Organisationen – derzeit 62 Mitgliedsorganisationen aus fünf Kontinenten

Staates Israel. So erklärte Ibrahim Ihrahim, Vorsitzender des Demokratischen Komitees Palästina:

> *»Ein Kampf gegen Israel und die Menschen, die hier leben, wäre ein Kampf gegen uns selber. Wir treten für einen palästinensischen Staat bzw. für ein Land ein, in dem Christen, Araber sowie Juden und andere Gruppen in Frieden zusammenleben. Tausende Jahre haben wir hier zusammengelebt. Unser Ziel ist, dass dies ein sozialistischer Staat sein sollte.«*[172]

Der Deutsche Bundestag richtet den Kampf gegen Antisemitismus auf antikommunistischer Grundlage aus

Vorläufiger Höhepunkt der Umdeutung des Antisemitismusbegriffs war im Januar 2018 ein Beschluss des Deutschen Bundestags mit der heuchlerischen Überschrift *»Antisemitismus entschlossen bekämpfen«*. Dort heißt es, Judenfeindlichkeit

> *»umfasst auch alle antisemitischen Äußerungen und Übergriffe, die als vermeintliche Kritik an der Politik des Staates Israel formuliert werden, tatsächlich aber einzig und allein Ausdruck des Hasses auf jüdische Menschen und ihre Religion sind.«*[173]

Damit schwenkte der Bundestag auf die rückschrittliche Linie ein, die die reaktionäre Innen- und Außenpolitik des imperialistischen Israel vor Kritik schützen soll, indem sie jede Kritik dreist als antisemitische Hasstirade diffamiert.

Antisemitismus ist in Wahrheit Volksverhetzung in übelster Form. Die Kritik des Antisemitismus und seine Bekämpfung waren immer gegen die rassistische Diskriminierung oder gegen die Verfolgung von Juden als **religiöse Minderheit** ge-

---

[172] Interview in rf-news, 29.9.2017
[173] Drucksache 19/444, 17.1.2018

richtet. Der Antisemitismus-Vorwurf wird nun auf die **Kritik an der Regierungspolitik Israels** ausgeweitet, unabhängig davon, ob diese Regierungspolitik imperialistisch oder antiimperialistisch, rassistisch, faschistisch oder demokratisch, im Sinn des Völkerrechts oder konträr dazu agiert.

Wäre es nicht absurd, die monatelangen Massenkämpfe in Israel 2020 gegen die korrupte und ultrareaktionäre Regierung Netanjahu als antisemitisch einzustufen? Gibt es in Israel nicht auch große Monopole, etwa eine monopolisierte Rüstungsindustrie, die aggressiv auf dem Weltmarkt aktiv ist? Agiert Israel nicht als aggressiver imperialistischer Räuber im Nahen und Mittleren Osten und in Afrika? Bedroht Israel nicht seit Jahren den neuimperialistischen Iran mit einem atomaren Erstschlag? Gibt es nicht seit Jahren unter Führung von Netanjahu eine ultrareaktionäre, zum Teil rassistische Regierungspolitik auf dem Rücken der Arbeiter und Unterdrückten in der Region?

Das israelische »Ministerium für strategische Angelegenheiten« lanciert »Argumentationshilfen« in sozialen Netzwerken und internationalen Medien und steuert weltweit die Kampagne gegen einen »linken Antisemitismus«. Es ist der Urheber der verleumderischen Behauptung, dass sich der »*neue Antisemitismus*« »*gegen den jüdischen Staat*« richte und dass im Vergleich zu anderen Regierungen Israels »*Verhalten ... mit zweierlei Maß*« beurteilt werde.[174]

Dabei ist es gerade umgekehrt. Marxisten-Leninisten messen die Regierung Israels nach denselben völkerrechtlichen und demokratischen Grundsätzen wie jedes andere Land. Die ultrareaktionäre Politik der israelischen Regierung mit jüdischen Opfern durch den Holocaust des Hitler-Faschismus zu rechtfertigen, ist dagegen reine Demagogie. Im Gegenteil

---

[174] Natan Sharansky, »Anti-Semitism in 3D«, www.aish.com, 3/2004

mahnt der Holocaust, rassistische und faschistische Verbrechen nie mehr zuzulassen!

Deutschland hat eine besondere Verantwortung gegenüber den Juden ebenso wie auch gegenüber allen osteuropäischen Völkern, vor allem gegenüber den Menschen der ehemaligen Sowjetunion. 24 Millionen von ihnen ließen ihr Leben durch den Hitler-Faschismus. Kein aufrechter Demokrat, Antifaschist oder Kommunist würde aus Verantwortung gegenüber den vom Faschismus am meisten gequälten, gefolterten und ermordeten Sowjetbürgern mit Kritik an der reaktionär-nationalistischen Innenpolitik und der imperialistischen Außenpolitik des russischen Präsidenten Putin hinterm Berg halten!

Der Beschluss des Bundestags lenkt völlig davon ab, dass antisemitische Hetze und Übergriffe heute wesentlich einer faschistischen Gesinnung entspringen. Mit seinem Beschluss setzte sich der Bundestag übrigens auch **ganz bewusst** über die Auffassung des eigens von der Bundesregierung berufenen »Unabhängigen Expertenkreises Antisemitismus« hinweg. Nach dessen Bericht

»sollte das Bewusstsein im Zentrum stehen, dass kritische Äußerungen zu Israel unter Umständen sowohl als kritische Positionierung als auch als Antisemitismus verstanden werden können. Es kommt daher darauf an, wer, was, wann sagt«.[175]

Der Bundestagsbeschluss wurde 2019 erweitert um die ausdrückliche Ächtung der BDS-Bewegung[176] und ihrer Unterstützer. Länder, Städte und Gemeinden wurden aufgefordert, ihr finanzielle Unterstützung und Räume gegenüber dieser Solidaritätsbewegung zu verweigern. Dies hat international

---

[175] Bundestagsdrucksache 18/11970 vom 7.4.2017

[176] Die BDS (Boykott, Desinvestitionen und Sanktionen)-Kampagne fordert Maßnahmen gegen Israel, *»bis dieses internationalem Recht und den universellen Prinzipien der Menschenrechte nachkommt«*, www.bds-kampagne.de

breite Empörung und Kritik hervorgerufen. Bereits 2018 haben 39 jüdische Organisationen aus aller Welt eine gemeinsame Erklärung veröffentlicht:

> *»Wir sind zunehmend besorgt angesichts der gezielten Angriffe gegen die Organisationen, die die Rechte der Palästinenser*innen ... und die gewaltfreie Boykott-, Desinvestitionen- und Sanktionsbewegung (BDS) im Besonderen unterstützen«.*[177]

Auch mehrere Gewerkschaften kritisieren die Kriminalisierung der Bewegung. Aufgrund der wachsenden öffentlichen Kritik auch in Deutschland gibt es inzwischen eine Reihe von Gerichtsurteilen gegen die Anwendung des BDS-Beschlusses. Das Büro des Hohen Kommissars der Vereinten Nationen für Menschenrechte rügte am 18. Oktober 2019 in einem Brief an Bundesaußenminister Maas (SPD) ausdrücklich den Anti-BDS-Beschluss des Bundestags,

> *»dass der Beschluss einen besorgniserregenden Trend setzt, die Meinungs-, Versammlungs- und Vereinigungsfreiheit unverhältnismäßig einzuschränken. ... Der Beschluss greift unverhältnismäßig in das Recht der Menschen auf politische Meinungsäußerung in Deutschland ein, nämlich Unterstützung für die BDS-Bewegung zum Ausdruck zu bringen.«*[178]

Am 24. Juli 2020 kritisierten mehr als 80 renommierte Kunstschaffende und Hochschullehrende aus Deutschland und Israel in einem offenen Brief an Bundeskanzlerin Merkel den Missbrauch des Antisemitismus-Begriffs durch die Bundesregierung.

> *»Unsere Sorge gilt der drohenden Annexion palästinensischer Gebiete durch Israel sowie dem inflationären, sachlich unbe-*

---

[177] www.juedische-stimme.de 17.10.2018
[178] Der Spiegel, 25.10.2019

gründeten und gesetzlich unfundierten Gebrauch des Anti-semitismus-Begriffs, der auf die Unterdrückung legitimer Kritik an der israelischen Regierungspolitik zielt. ... Wir erwarten den konsequenten Schutz der Meinungs- und Versammlungs-freiheit«.[179]

Der Vorwurf eines »linken Antisemitismus« schützt nicht nur die reaktionäre Politik der israelischen Regierung, sondern ist auch eine neue **Variante des modernen Antikommunismus.** Es gibt keinen »linken Antisemitismus«. Wer antisemitisch ist, ist nicht links, sondern reaktionär!

3.15. Antikommunistische Ausrichtung der sozialen Bewegungen

Mit dem fortschrittlichen Stimmungsumschwung seit 2015 entstand in Deutschland eine Krise des Vertrauens in die gesamte bürgerliche Politik und die Berliner Parteien. In Verbindung mit einer kapitalismuskritischen Tendenz und der massenhaften Suche nach einer gesellschaftlichen Alternative wuchs die Anziehungskraft des wissenschaftlichen Sozialismus. Der moderne Antikommunismus verlor deutlich an Wirkung.

Gegen diese Entwicklung organisierten, finanzierten und koordinierten Geheimdienste seit Mitte 2018 bundesweit eine antikommunistische Ausgrenzungs- und Unterdrückungskampagne gegen Marxisten-Leninisten und ihren Einfluss in den Massenbewegungen. Das nahm zeitweise die Form eines **neuartigen gesamtgesellschaftlichen Liquidatorentums**[180] an. Hauptbetätigungsfelder waren 2018/2019 die

---

[179] www.tagesspiegel.de, 24.7.2020

[180] Liquidatoren sind bürgerliche und kleinbürgerliche Kräfte, deren Ansichten und Handlungen auf die Zersetzung, Spaltung und Zerstörung der Arbeiter- und Volksbewegung bzw. deren Organisationen abzielen.

Massenproteste gegen neue Landespolizeigesetze sowie die Millionen umfassende spontane internationale Jugendbewegung »Fridays for Future« (FFF), initiiert von der damals 15-jährigen Schwedin Greta Thunberg.

Antikommunisten verbreiteten bundesweit die Parole »keine Parteien« und versuchten, sie rigoros durchzusetzen. Das richtete sich vor allem gegen MLPD und REBELL und stand im Gegensatz zum Anspruch der Masse der Teilnehmer, die sich gerade Überparteilichkeit, Demokratie und Glaubwürdigkeit im konsequenten Eintreten für die Rettung der Umwelt auf die Fahnen geschrieben hatte.

Die Losung »keine Parteien« verfolgt ein doppeltes Ziel. Sie beabsichtigt zum einen den Ausschluss revolutionärer Parteien, bedeutet Zerstörung der Überparteilichkeit, Spaltung und undemokratische Ausgrenzung. Sie soll zum anderen den verdeckten Führungsanspruch von bürgerlichen Parteivertretern ermöglichen, unter anderem der »Grünen«, der SPD und der Partei »DIE LINKE«, getarnt als Repräsentanten verschiedener NGOs. Die Losung versucht, die Lüge von der »Ideologiefreiheit« in den sozialen Bewegungen in die Praxis umzusetzen. Sie suggeriert parteipolitische »Neutralität«, obwohl das in einer Klassengesellschaft eine Illusion ist. Lenin setzte sich grundsätzlich mit der bürgerlichen und kleinbürgerlichen Losung der »Parteilosigkeit« auseinander:

»Der vollendetste, stärkste und klarste Ausdruck des politischen Kampfes der Klassen ist der Kampf der Parteien. Parteilosigkeit ist Gleichgültigkeit gegenüber dem Kampf der Parteien. Aber diese Gleichgültigkeit ist nicht gleichbedeutend mit Neutralität, mit Enthaltung vom Kampf, denn im Klassenkampf kann es keine Neutralen geben. ... Gleichgültigkeit ist stillschweigende Unterstützung desjenigen, der stark ist, desjenigen, der die Herrschaft hat. ... Die Parteilosigkeit ist in der bürgerlichen Gesellschaft nur ein heuchlerischer, verhüllter,

passiver Ausdruck der Zugehörigkeit zur Partei der Satten, zur Partei der Herrschenden, zur Partei der Ausbeuter.«[181]

Tatsächlich war der »Beschluss« der selbsternannten Organisatoren der »Fridays for Future«-Bewegung »keine Parteien« von vornherein geeignet, die Bewegung zum kritischen Anhängsel bürgerlicher Umweltpolitik zu machen.

In der Durchsetzung der antikommunistischen Ausgrenzung schreckten ihre Drahtzieher vor keiner Intrige zurück. Die Liquidatoren spielten sich selbst bei öffentlichen Demonstrationen als Hausherren auf, hetzten die Polizei auf die MLPD oder griffen selbst zur Gewalt. Sie gingen mit Einschüchterung oder mit körperlichen Attacken gegen Mitglieder der MLPD vor, zerstörten Infostände, stahlen oder verbrannten Fahnen, zerbrachen Fahnenstangen und betrieben den Ausschluss von Marxisten-Leninisten aus den Versammlungen der Aktionseinheiten.

Die MLPD wurde dagegen zur Vorreiterin im Kampf um den Erhalt und die Erweiterung demokratischer Rechte und Freiheiten. Sie verteidigte erfolgreich ihre Parteienrechte, trat für einen gesellschaftsverändernden Umweltkampf sowie für eine wirkliche Überparteilichkeit ein und verwirklichte eine demokratische Streitkultur.

Das Vorgehen der Liquidatoren war ein zentraler Bestandteil des 2018 eingeleiteten konkreten Taktikwechsels der Regierung bei der Behandlung der MLPD. Der Verfassungsschutz hatte in seinem Bericht über das Jahr 2018 eine ausdrückliche »Neubewertung« der MLPD vorgenommen und vor ihrem Potenzial gewarnt.

In einem Artikel der großbürgerlichen Frankfurter Allgemeinen Zeitung sorgte sich der Vorsitzende des Arbeitskreises

---

[181] »Sozialistische Partei und parteiloser Revolutionismus«, Lenin, Werke, Bd. 10, S. 65/66

Verfassungsschutz der Innenministerkonferenz, Torsten Voß, am 26. August 2019 über das befürchtete »Einsickern« sogenannter Linksextremisten in die sozialen Bewegungen:

> *»Meiner Meinung nach ist das leise Einsickern extremistischen Gedankenguts in die Mitte der demokratischen Gesellschaft die größte Bedrohung.«*

Und er merkte an, von welcher Seite diese »Bedrohung« ausgeht: *»Linksextremisten haben es leichter als andere«.*[182]

Armin Pfahl-Traughber, einer der führenden Anti-MLPD-»Forscher«, begründet das schon zuvor mit der Fähigkeit der Marxisten-Leninisten, Zusammenhänge und Hintergründe aufzudecken:

> *»Es geht also um die Behauptung, hinter den Erscheinungsformen verberge sich ein eigentlicher Kern, der eben diese Dinge letztendlich beeinflusse und präge.«*[183]

Wer also nicht nur Erscheinungsformen kritisiert, sondern auf die Ursachen und Gesetzmäßigkeiten der weltweiten Umweltkrise im Kapitalismus hinweist, bekommt es mit dem Geheimdienst und seinen Handlangern zu tun.

Anlässlich einer Anfrage der faschistoiden AfD zur MLPD im Landtag Baden-Württembergs rühmte sich die »grün«-geführte Landesregierung am 29. April 2020 ihrer erfolgreichen Einflussnahme auf Initiativen:

> *»Dies ist nicht zuletzt auch auf die erfolgreiche Informations- und Präventionsarbeit des LfV[184] zurückzuführen, die ... die in den Bündnissen handelnden Akteure – in die Lage versetzt, wo*

---

[182] »Der Extremismus und die Mitte: Grenzen verschwimmen«, Frankfurter Allgemeine Zeitung, 26.8.2019

[183] Jahrbuch für Extremismus-und Terrorismusforschung 2009/2010, S. 17

[184] Landesamt für Verfassungsschutz

immer nötig eine inhaltliche Abgrenzung von extremistischen Gruppierungen vorzunehmen.«[185]

Das zweifelhafte Eigenlob der baden-württembergischen Landesregierung bezog sich nicht nur auf die Geheimdienste, sondern auch auf ihre liquidatorischen Helfer in den NGOs.

Der portugiesische Sozialwissenschaftler Boaventura de Sousa Santos, einer der Theoretiker des 2001 gegründeten Weltsozialforums, verkündet seine Vorstellungen von »Pluralität und Diversität« ausdrücklich pragmatisch-reformistisch und gegen die revolutionäre Theorie des Marxismus-Leninismus gerichtet:

»Es gibt keine einheitliche Theorie, um die Bewegungen strategisch zu leiten, denn das Ziel ist nicht so sehr die Machtergreifung, sondern vielmehr die Veränderung der vielen Gesichter der Macht, wie sie sich in den Institutionen und in den gesellschaftlichen Strukturen darstellen.«[186]

Die Unterdrückten der Welt sollen sich also mit einer *»Veränderung der Gesichter der Macht«* begnügen, aber die Diktatur der Monopole unangetastet lassen? Getreu Santos' Theorie gehört es seit 2001 zu den Grundsätzen aller Weltsozialforen, dass *»Repräsentanten von Parteien«* ausgeschlossen sind. Damit sind nach der antikommunistischen Lesart von Santos revolutionäre Parteien gemeint, denn während es sich *»allen totalitären ... Ansichten* (widersetzt)«, können ausdrücklich *»Regierungsmitglieder ... als Einzelpersönlichkeiten eingeladen werden«.*[187]

Finanziell und weltanschaulich gesteuert werden die internationalen NGOs maßgeblich durch staatliche Förderung

---

[185] Landtag von Baden-Württemberg, Drucksache 16/8042, S. 18

[186] »Das Weltsozialforum als politischer Aufbruch«, www.tni.org 27.3.2003

[187] www.weltsozialforum.org/prinzipien/print.html, heruntergeladen 8.4.2021

sowie durch internationale Übermonopole und ihre Repräsentanten. Finanziers sind unter anderem die Rockefeller-
und die Ford-Stiftung[188] und allen voran der Spekulant und
Multimilliardär George Soros sowie Warren Buffet und der
Microsoft-Gründer Bill Gates. Allein George Soros hat bislang nach eigenen Angaben 18 Milliarden US-Dollar in den
Aufbau seiner Stiftung »Open Society« (»Offene Gesellschaft«)
investiert. Ein großer Teil der Gelder fließt in die Förderung
diverser NGOs. Im Interview mit dem Magazin Der Spiegel
räumte Soros unumwunden ein:

»Das kapitalistische System sollte schon überleben. Ich bin
selbst ein Kapitalist. ... Ich werde also durch meine Kritik
nicht zu einem Feind des kapitalistischen Systems und ganz
gewiß kein Anhänger des Sozialismus.«[189]

Das darf man ihm getrost glauben! Die NGO-Tätigkeit in
Deutschland ist über die Organisation Campact eng mit dieser
illustren internationalen Gesellschaft verknüpft. Campact ist
eng verflochten mit der wesentlich von George Soros finanzierten NGO »Move.on« in den USA. Campact berät und fördert
Bewegungen und Organisationen wie Attac, .ausgestrahlt,
BUNDjugend, Frauen*streik, Fridays for Future, LobbyCont-
rol, Mehr Demokratie, Robin Wood, das Unteilbar (Bündnis),
Urgewald, Seebrücke, Extinction Rebellion und andere. Campact hat keinerlei Basisorganisation, aber über 60 gut bezahl-
te Hauptamtliche. Die Bundesregierung sponserte allein im
Jahr 2018 NGOs, Vereine und Stiftungen mit offiziell 15,5
Milliarden Euro. So umsorgt von den »Werten« der kapitalistischen Ausbeuterordnung, verfällt sicherlich kaum einer der
elitären Vertreter dieser NGOs auf revolutionäre Gedanken.

---

[188] Michel Chossudowski, »Finanzierung des Dissenses«, www.globalresearch.ca
10.8.2016

[189] Der Spiegel 51/1998

Campact, die »Plant for the Planet Foundation« und Greenpeace sowie Vertreter der »Grünen« nahmen schon früh Einfluss auf den Aufbau von Strukturen bei FFF. Zum Jahres-
wechsel 2018/19 machte eine zentrale »Coordination Task
Force« den Aufbau zentraler, undemokratischer Strukturen
in der FFF-Bewegung offensichtlich. Ein nicht gewähltes
»Aktionsnetzwerk« begann, Erklärungen für die Bewegung
abzugeben. Luisa Neubauer (»Die Grünen«) und Jakob Bla-
sel (»Grüne Jugend«, Greenpeace) wurden ohne jede demokratische Legitimation als »Gesichter der Bewegung« medial
in Szene gesetzt. Massenhaft gleichgeschaltetes kostenloses
Werbematerial und zum Teil erstklassige Technik wurden
zur Verfügung gestellt. Dies alles selbstredend zum Preis der
Absicherung des Führungsanspruchs der NGO-Vertreter und
des Ausschlusses revolutionärer Positionen.

In einem Bericht über das Vorbereitungstreffen für eine
Großdemonstration in München gegen die Rechtsentwicklung
in der Europäischen Union, eine Woche vor der Europawahl
2019, heißt es:

*»Das Münchner Bündnis hatte sich einhellig gegen einen
Redner von Campact entschieden, weil Campact eine pro-
fessionelle Organisation mit wenigen Mitgliedern (zwölf) ist
und keine Bewegung repräsentiert. Der Redner wurde von
zentral durchgesetzt nach dem Motto ›wer zahlt, bestimmt‹
und Campact habe alles organisiert und den Aufruf ›zu 99 %‹
verfasst.«*[190]

Die Arbeiter- und Volksbewegung muss mit der zersetzenden Rolle der antikommunistisch ausgerichteten NGOs fertigwerden, um die Arbeiteroffensive und den aktiven Volkswiderstand immer besser zu entfalten.

---

[190] Bericht der MLPD-Landesleitung Bayern, 8.5.2019

3.16. Der reaktionär-faschistische Antikommunismus von Donald Trump

Auch in den USA entstand seit 2018 ein fortschrittlicher Stimmungsumschwung unter den Massen. Er führte zu einem neuen Ansehen des Sozialismus. In den USA war der Antikommunismus jahrzehntelang tief verwurzelt in weiten Teilen der Bevölkerung. Die antikommunistische Vereinigung Victims of Communism Memorial Foundation (VOC) veröffentlichte im Oktober 2020 ihren Jahresbericht, der auf einer von YouGov durchgeführten Meinungsumfrage beruht. Demnach befürwortete *»mehr als ein Viertel der Amerikaner (26 %) die schrittweise Abschaffung des kapitalistischen Systems zugunsten eines sozialistischeren Systems«*, auch wenn die Vorstellungen darüber weit auseinandergehen. In der Altersgruppe von 16 bis 23 Jahren waren es 31 Prozent und in der zwischen 24 bis 39 Jahren 35 Prozent.

Die reaktionäre Entwicklung des US-Imperialismus beurteilte das Zentralkomitee der MLPD bereits im April 2017 so:

*»Die Veränderungen seit der Amtsübernahme durch Donald Trump haben keineswegs nur den Charakter eines bloßen Regierungswechsels: Mit seinem Regierungsantritt kommt es zu einer **Veränderung der Herrschaftsmethoden**. Diese geraten mehr und mehr in Widerspruch mit den herkömmlichen bürgerlich-demokratischen Gepflogenheiten, lösen tendenziell die Nachkriegsordnung des imperialistischen Weltsystems auf, und **an die Stelle des Regierungssystems der kleinbürgerlichen Denkweise setzt Trump die offene Reaktion nach innen und außen**.«*[191]

In den USA wurde noch kein faschistisches System errichtet. **Trump** verfolgte jedoch **faschistische Inhalte und**

---

[191] Gabi Fechtner, Rote Fahne Magazin 9/2017, S. 14

Methoden zum Aufbau einer faschistischen Massenbasis, die er im Lauf seiner Präsidentschaft immer weiter zu einer neuen Variante der faschistischen und antikommunistischen Ideologie und Politik ausbaute, die bürgerliche Medien als »Trumpismus« adelten. Sieben **wesentliche Merkmale** bestimmten Regierungspolitik und -methode der Trump-Administration.

1.) Systematisches **Schüren von Antikommunismus**

Im Oktober 2018 veröffentlichte die US-Regierung einen Bericht, in dem sie dem Sozialismus besorgt eine wachsende Zustimmung in den USA bescheinigte:

»Zeitgleich mit dem 200. Geburtstag von Karl Marx feiert der Sozialismus ein Comeback«.[192]

Trump reagierte auf die schwächelnde Wirkung des modernen Antikommunismus mit einer **Offensive des offen reaktionären und aggressiven Antikommunismus**. Im Wahlkampf zur Präsidentschaftswahl 2020 konstruierte Trump sogar eine angebliche Neigung der »politischen Elite« und der »liberalen Demokratie« zum Sozialismus und Kommunismus. Zugleich behauptete er von seiner Regierung, sie würde die Interessen der Arbeiterschaft repräsentieren und diese sowohl gegen die *»radikal linken Demokraten«*[193] als auch gegen die *»gelbe Gefahr«*[194] verteidigen.

Das war plumpe Demagogie! Bei der Präsidentschaftswahl ging es lediglich darum, welcher Repräsentant der verschiedenen Monopolgruppen neuer US-Präsident wird. Im Bericht des Weißen Hauses heißt es weiter:

---

[192] Council of Economic Advisers, »The Opportunity Costs of Socialism«, 10/2018, S. 1

[193] Rede von Trump am 6.1.2021

[194] Abwertender Begriff gegen China

»Wir stellen fest, dass historische Befürworter sozialistischer Politik und solche in den heutigen Vereinigten Staaten einige ihrer Visionen und Absichten teilen. ... Zu den vorgeschlagenen Lösungen gehören Einheitskassen, hohe Steuersätze (›von jedem nach seinen Fähigkeiten‹) und eine öffentliche Politik, die einen Großteil der Güter und Dienstleistungen der Nation ›kostenlos‹ ... verteilen (›jedem nach seinen Bedürfnissen‹).«[195]

Demagogisch wird das **sozialistische und kommunistische Verteilungsprinzip** mit sozialen Reformen und sozialdemokratischen Steuerkonzepten gleichgesetzt. Aber die Verteilungsprinzipien des Sozialismus *»Jeder nach seinen Fähigkeiten, jedem nach seiner Leistung«* und des Kommunismus *»Jeder nach seinen Fähigkeiten, jedem nach seinen Bedürfnissen«* setzen die Abschaffung der Ausbeutung voraus, eine sozialistische/kommunistische Gesellschaft. Daraus eine platte Steuerdebatte zu machen, ist allzu billig. Natürlich war diese Verfälschung der demokratischen Wahlprogramme als Schreckgespenst gedacht. Bei allen Kapitalisten und gut verdienenden Kleinbürgern sollte primitive Angst vor einem vermeintlich sozialistischen Wahlergebnis und dann drohenden Enteignungen mobilisiert werden.

Der antikommunistische Hass des Milliardärs Trump richtet sich keineswegs nur gegen seinen Konkurrenten aus der Demokratischen Partei, Joe Biden, den er kurzerhand zum Linksradikalen erklärte. Trump griff alle an, die es wagten, seine Regierung zu kritisieren und gegen sie aufzustehen.

»Wir sind jetzt dabei, die Linksradikalen, die Marxisten, die Anarchisten, die Unruhestifter, die Plünderer und die Men-

---

[195] Council of Economic Advisers, »The Opportunity Costs of Socialism«, 10/2018, S. 1

*schen zu besiegen, die in vielen Fällen schlichtweg keine Ah-
nung haben, was sie tun«.*[196]

Allerdings führte das weltweit schlechte Ansehen Donald
Trumps dazu, dass sein billiger Antikommunismus gleich mit
ihm in ein schlechtes Licht geriet.

2.) Aggressiver Nationalismus

In seiner Antrittsrede am 20. Januar 2017 begründete Donald Trump seine »America first«-Politik:

*»... heute nehmen (wir) die Macht von Washington D. C. und
geben sie an euch, das Volk, zurück. ... Viele Jahrzehnte lang
haben wir ausländische Industrien auf Kosten der amerikanischen Industrie reicher gemacht; die Armeen anderer Länder finanziell unterstützt, während wir unsere eigene Armee
ausgehungert haben. Wir haben die Grenzen anderer Länder
verteidigt, aber uns geweigert, unsere eigene zu verteidigen.
Wir haben Billionen und Aberbillionen von Dollar im Ausland
ausgegeben, während die amerikanische Infrastruktur zerfal-
len ist. ... Aber das ist Vergangenheit. ... Vom heutigen Tag an
wird es nur noch ›Amerika zuerst‹ heißen.«*[197]

Hintergrund dieses aggressiven Nationalismus war der
massive Rückfall, den die USA **auf den Weltmärkten**
erlitten hatten, vor allem aufgrund des Aufstiegs neuimperia-
listischer Länder. Im Jahr 2000 stellten die USA noch 185 der
500 größten internationalen Übermonopole. 32 Übermonopole
kamen aus den 14 inzwischen neuimperialistischen Ländern
inklusive China. 2016, im Jahr der Wahl von Trump zum Präsidenten der USA, waren nur noch 132 US-Monopole unter
den 500 größten der Welt. Die 14 neuimperialistischen Länder
hatten dagegen auf 147 Monopole zugelegt, davon allein China

---

[196] Rede vom 4. 7. 2020, in: Euro News, 5. 7. 2020
[197] www.zeit.de 20. 1. 2017

von 12 auf 109. China entwickelte sich in dieser Zeit zu einer ökonomischen Supermacht und ist nun auf dem Sprung zur größten Volkswirtschaft der Welt.

Trump vertrat diejenigen US-Monopole, die auf eine rigorose Aufholjagd ohne Rücksicht auf Verluste setzen.

Politisch kündigte er bisherige diplomatische Gepflogenheiten auf. Er boykottierte den Sicherheitsrat der UNO und erklärte den Austritt aus der Weltgesundheitsorganisation (WHO). Er beschleunigte die Faschisierung des Staatsapparats, hofierte die stark anwachsenden neofaschistischen Terrorgruppen im Land und verleumdete im Gegenzug antirassistische und antifaschistische Demonstrationen als »terroristisch«.

Ökonomisch bescherte seine Regierung den amerikanischen Monopolen milliardenschwere Steuergeschenke, während sie die Verschuldung der USA auf einen neuen Höhepunkt steigerte. Trumps Regierung kündigte sämtliche multilateralen Handelsabkommen und setzte auf bilaterale Verhandlungen zur Durchsetzung der nationalen Interessen der USA. Weiter entfachte er einen offenen Handelskrieg vor allem mit China und der Europäischen Union.

Militärisch setzte Trump eine gigantische Aufrüstung in Gang und verlangte von seinen Verbündeten in der NATO, es den USA gleichzutun.

Trump scheiterte jedoch daran, dass sich die Gesetzmäßigkeiten der Neuorganisation der internationalen Produktion nicht beliebig außer Kraft setzen lassen. Die protektionistische[198] Politik schlug zunehmend auf US-amerikanische Monopole zurück.

---

[198] nur zum Vorteil der nationalen Produktion

Auf dem internationalen Parkett geriet die US-Regierung mehr und mehr in Isolation. Das Ergebnis war, dass Trumps kompromisslose Politik »America first« den Einfluss des US-Imperialismus nachhaltig einschränkte.

3.) Offener Rassismus

Trump schwadronierte ganz im Sinn eines faschistischen Weltbilds von der Überlegenheit der »weißen Rasse«.

»Faulheit ist typisch für Schwarze« und mexikanische Einwanderer *»bringen Drogen. Sie bringen Verbrechen. Sie sind Vergewaltiger.«*

Mehreren linken Demokratinnen im Repräsentantenhaus, deren Familien aus Lateinamerika stammen, schrieb Trump:

»Warum gehen sie nicht zurück und helfen, die total kaputten und kriminalitätsverseuchten Länder zu reparieren, wo sie herkommen.«[199]

Einwohner muslimisch geprägter Länder setzte Trump dem Generalverdacht des »islamistischen Terrorismus« aus. Er verhängte ein generelles Einreiseverbot gegen Menschen aus vorwiegend von Muslimen bewohnten Ländern.

Auch wenn Trump sich nicht offen zum Neofaschismus bekannte, entsprechen seine Ansichten unübersehbar der **offen rassistischen Theorie** der »White Supremacy« (»Weiße Vorherrschaft«) und der neofaschistischen »Alt-Right«-Bewegung (»Alternative Rechte«). Diese Bewegung fordert einen *»weißen Ethnostaat«* und *»ethnische Säuberungen«*[200] sowie die Aussiedlung von Afro-Amerikanern nach Afrika. Das erklären die

---

[199] in: Hubertus Volmer, »Trump hat sich schon oft rassistisch geäußert«, ntv 15.7.2019

[200] in: Thomas Trescher, »Wer die alternativen Rechten sind«, www.kurier. at 17.11.2016

Rassisten damit, dass Schwarze und andere angebliche »Rassen« den »Weißen« genetisch unterlegen wären.

Der Rassismus und der Kampf dagegen prägten von Beginn an die US-amerikanische Gesellschaft auf besondere Weise. Unter Donald Trump entfaltete sich der Rassismus zu neuer Blüte. Als Antwort auf Trumps Rassismus entstand eine weltweite Anti-Rassismus-Bewegung mit dem Motto »Black Lives Matter«.

4.) Rückgriff auf **faschistische Verschwörungsmythen**

Vor allem Netzwerke wie QAnon oder Breitbart-News verbreiten solche Verschwörungen systematisch im Internet. Sie sind nirgends ausführlich theoretisch begründet, ihre Vertreter stellen sich als geheimnisvolle Befreiungsbewegungen gegen die »verbrecherischen Eliten« dar.

Für ihre Verbreitung und eine **massenhafte Meinungsmanipulation** haben sich Trump und seine faschistischen Unterstützer Methoden des faschistischen Diktators Hitler und seines Propagandaministers Goebbels zu eigen gemacht und auf die Verhältnisse im Zeitalter der sozialen Medien angewandt.

• **Mobilisierung kleinbürgerlich-primitiver Gefühle.** Das entspricht Hitlers »Mein Kampf« (1925), wo es über Propaganda heißt:

»Je bescheidener dann ihr wissenschaftlicher Ballast ist, und je mehr sie ausschließlich auf das Fühlen der Masse Rücksicht nimmt, um so durchschlagender der Erfolg.«[201]

Massenverachtung und fanatische Ablehnung der Wissenschaft gehen bei Trump Hand in Hand. In Bezug auf die globale Umweltkatastrophe leugnet er kurzerhand jede wissenschaftliche Erkenntnis: *»Nun, ich denke nicht, dass die*

---

[201] Adolf Hitler, »Mein Kampf«, S. 198

Wissenschaft es wirklich weiß.«[202] Er bestreitet die drohende Klimakatastrophe. Entsprechend stieg seine Regierung sogar aus dem ohnehin völlig unzureichenden Pariser Klimaabkommen aus. Dieselbe Ignoranz zeigt er in Bezug auf die Corona-Pandemie, die unter seiner Regierung in den USA regelrecht explodierte:

»Hätte ich komplett auf die Wissenschaftler gehört, hätten wir jetzt ein Land, das in einer massiven Depression wäre.«[203]

• Konzentration auf **wenige Inhalte, die ewig wiederholt werden**. Hitler schrieb über die Wirksamkeit seiner faschistischen Propaganda:

Sie *»wird zu keinem Erfolge führen, wenn nicht ein fundamentaler Grundsatz immer gleich scharf berücksichtigt wird. Sie hat sich auf wenig zu beschränken und dieses ewig zu wiederholen.«*[204]

Trump hat allein 400-mal entgegen allen Tatsachen behauptet, er habe die erfolgreichste Wirtschaft der Geschichte geschaffen. 260-mal verbreitete er Inhalte und Symbole von QAnon und 260-mal versprach er, die Mauer an der mexikanischen Grenze wäre bald fertig. Und ungezählte Male wiederholte er – ohne einen einzigen Beleg, ja vielfach juristisch widerlegt –, die Präsidentschaftswahlen vom November 2020 wären gefälscht und ihm »gestohlen« worden. Ausnahmslos alle diese Behauptungen wurden inzwischen der Lüge überführt.[205]

• Zurückführung komplizierter Fragen auf **einfache Schlagwörter**, Kernbotschaften und Erklärungsmuster, die er bei jeder passenden und unpassenden Gelegenheit zum Besten

---

[202] Hamburger Morgenpost, 15.9.2020

[203] RND, 19. April 2020

[204] Adolf Hitler, »Mein Kampf«, S. 202

[205] Tagesschau.de 5.11.2020

gibt. Er macht China gebetsmühlenartig für den wirtschaftlichen Niedergang der USA verantwortlich und produziert psychologische Kriegsvorbereitung, wenn er das Covid19-Virus penetrant als »China-Virus« bezeichnet.

• **Reaktionäre oder faschistische Propaganda**, die als vermeintliche »Stimme aus dem Volk« erscheinen soll und sich vor allem über die sozialen Medien »wie von selbst« in der Gesellschaft ausbreitet.

Trump verstand es, jede Art von Lügen beliebig und umfassend in den sozialen Netzwerken Twitter, Facebook oder YouTube zu lancieren und seinen Halbwahrheiten und Lügen »alternative Fakten« beizumischen. Der Fernsehsender FOX unterstützte ihn dabei. Die Washington Post zählte, dass er in seiner Regierungszeit 20 000[206] Lügen verbreitete.

Um seinen abstrusen Theorien mehr Gewicht zu verleihen, führte Trump von Anfang an einen Feldzug gegen bürgerliche Massenmedien, die kritisch über ihn berichteten und die er als »Lügenpropaganda« mit »ekelerregenden Fake News« beschimpfte:

»Was ist mit der freien Presse passiert? ... Die berichten nicht mehr, sie erfinden nur noch Geschichten.«[207]

Wie in einem schlechten Film wirft der Meister der Fake News all denen, die ihn kritisieren, theatralisch vor, Fake News über ihn zu verbreiten.

5.) Extreme soziale Demagogie

Der Multimilliardär Donald Trump, der selbst dem dubiosen Immobilien-Establishment angehört, verbreitete eine **extreme soziale Demagogie** und stellte sich als Feind der »Eliten« und Vertreter der Arbeiterschaft dar. Er nutzte dabei die

---

[206] Frankfurter Allgemeine Zeitung, 12. 7. 2020
[207] Frankfurter Allgemeine Zeitung, 4. 8. 2020

wachsende Ablehnung der herkömmlichen Repräsentanten des internationalen Finanzkapitals und des bürgerlichen Politikgeschafts in den USA, um die Unzufriedenheit der Massen auf seine reaktionären Mühlen zu lenken.

6.) Ultrareaktionäre Auslegung der Religion

Trump bedient sich besonders der Evangelikalen[208] und des Kreationismus[209], wenn er seinen Einfluss auf reaktionäre Teile der US-amerikanischen Gesellschaft festigen will. Um sich der Unterstützung der Evangelikalen zu versichern, machte er Michael Richard (»Mike«) Pence, einen ihrer prominentesten Vertreter, zum Vizepräsidenten.

So sehen die von Trump geförderten Verschwörungsnetzwerke die weißen Amerikaner als »auserwähltes Volk Gottes«, was den imperialistischen Weltherrschaftsanspruch der USA religiös untermauert. Religiöser Fundamentalismus, Frauenfeindlichkeit, Kampf gegen Schwangerschaftsabbruch und sexuelle Befreiung, Hetze gegen Homosexuelle baut sich bei den »Evangelikalen« auf als systematische Hetze gegen den wissenschaftlichen Sozialismus, die »Lehre des Teufels«.

7.) Anwendung faschistischer Gewalt

Um zu verhindern, dass sich die Rebellion der Massen zu einer revolutionären Gärung entwickelt, setzte Trump verstärkt auf **faschistische Gewalt** und unterstützte den Aufbau ihrer geheimen Strukturen. In 33 Bundesstaaten setzte die Trump-Regierung die Nationalgarde gegen Massendemonstrationen ein. Sie ordnete »Schießbefehle« an und drohte mit dem Einsatz des Militärs zur Niederschlagung der Rebellion.

---

[208] extrem reaktionäre Strömung innerhalb des Protestantismus

[209] Der Kreationismus lehnt die wissenschaftliche Entwicklungslehre der Arten nach Darwin ab und lehrt, das Universum, die Erde, das Leben und die Menschen seien durch unmittelbaren Eingriff Gottes erschaffen worden.

Wohin Trumps Gesinnung außenpolitisch führt, zeigt der Blick auf seinen Bruder im Geiste – **Rodrigo Duterte**, den Präsidenten der Philippinen. Der hatte im Wahlkampf 2016 noch geprahlt, er werde der »erste sozialistische Präsident« und hatte sogar wieder Friedensverhandlungen mit der Nationaldemokratischen Front der Philippinen (NDFP)[210] aufgenommen. Keine drei Wochen nach dem Zusammentreffen mit Trump in Manila im November 2017 ließ Duterte die Maske fallen. Er befahl Kampfeinsätze von Polizei und Armee gegen die als Terroristen diffamierte CPP (Kommunistische Partei der Philippinen) und deren Volksbefreiungsarmee NPA[211]. Ende 2018 folgte mit Hilfe US-amerikanischer Militärberater die Aufstellung einer Spezialeinheit zur Aufstandsbekämpfung NTF-ELCAC[212]. Deren Hauptmethode besteht im »red-tagging« (rot markieren), wodurch jeder, der im Verdacht steht, Kommunist zu sein oder mit Kommunisten in Verbindung zu stehen, als Terrorist gebrandmarkt und unterdrückt wird. Hunderte wurden ohne Vorwarnung erschossen, die Spezialeinheiten schoben ihnen dann als Vorwand Waffen oder Drogen unter.

Mit der Verabschiedung eines weiteren sogenannten Antiterror-Gesetzes im Juli 2020 steigerte sich die blutige faschistische Gewalt gegen führende Mitglieder der CPP. Mit den Worten

»Wenn Ihr in eine bewaffnete Begegnung mit den kommunistischen Rebellen geratet, tötet sie, stellt sicher, dass Ihr sie

---

[210] Zusammenschluss der Kommunistischen Partei der Philippinen mit 17 weiteren fortschrittlichen Organisationen

[211] Die New Peoples Army (NPA) führt seit über 50 Jahren einen gerechten Befreiungskampf auf den Philippinen.

[212] National Task Force, to End local Communist Armed Conflict – Nationale Spezialeinheit zur Beendigung lokaler kommunistischer bewaffneter Konflikte

wirklich tötet und macht sie fertig, wenn sie noch am Leben sind.«[213] befahl Duterte Militär und Polizei die Ermordung prominenter Führer von Gewerkschafts-, Frauen- und Jugend-, Umwelt- und Menschenrechtsorganisationen. Das war die regierungsamtliche Ausrichtung antikommunistischer Pogrome. Unter den Liquidierten waren bisher mindestens drei Mitglieder des Zentralkomitees und zwei ehemalige Mitglieder des Politbüros. Duterte nimmt bewusst Bezug auf die **antikommunistischen Pogrome in Indonesien in den 1960er-Jahren,** bei denen eine Million Kommunisten massakriert wurden: *»die Taktik der Regierung* (sollte) *... geändert werden, ähnlich wie die Kampagne von 1965–66, die Suharto zur Zerschlagung des Kommunismus in Indonesien führte«.*[214]

Dutertes brutaler Antikommunismus richtet sich nicht nur gegen Kommunisten, sondern auch gegen missliebige politische Gegner aus dem fortschrittlich-demokratischen Lager.

Am 6. Januar 2021 kam es in Washington, D.C. unter Führung von Trump, gestützt auf faschistische Organisationen und offensichtlich unter Beteiligung von Teilen des Sicherheitspersonals des Kapitols, zu einem organisierten und bewaffneten faschistischen Putschversuch gegen die Übernahme der Regierung durch Joe Biden. Tausende von Trump aufgehetzte und teilweise bewaffnete Reaktionäre und Neofaschisten, die aus allen US-Bundesstaaten nach Washington organisiert angereist waren, stürmten das Kapitol. Bei dieser Aktion kamen fünf Beteiligte und Polizisten zu Tode.

Diese faschistische Kulmination war Ausdruck einer **offenen Infragestellung der Institutionen der bürgerlichen Demokratie.** Der Aufstand scheiterte kläglich an der

---

[213] Deutsch-Philippinische Freunde e.V., »Blutsonntag in den Philippinen«, in: rf-news 9.3.2021

[214] Philippine Inquirer, 24.12.2018

mangelnden Unterstützung der Massen. Er scheiterte auch daran, dass Teile des US-amerikanischen allein herrschenden internationalen Finanzkapitals und ihrer Medien inzwischen auf Joe Biden setzen.

Fazit:

Der Antikommunismus konnte seit dem Zweiten Weltkrieg die revolutionäre, marxistisch-leninistische und Arbeiterbewegung und die Entwicklung des Klassenbewusstseins der Arbeiterklasse stark hemmen. Seine Krisen zeigen aber, dass er trotz ständiger Modifizierung und Nachbesserung nicht in der Lage ist, die Freiheitsideologie des echten Sozialismus und Kommunismus nachhaltig aus der Arbeiterklasse zu verbannen oder gar auszulöschen. Der Antikommunismus kommt nie für längere Zeit aus seiner Defensive, weil er grundlegend in Widerspruch zur Wirklichkeit steht sowie zu den Interessen der weit überwiegenden Mehrheit der Bevölkerung.

4. Die faschistische Ideologie und die Wandlung des bürgerlichen Antifaschismus

Die latente Krise der bürgerlichen Ideologie schlägt in eine offene um, wenn sich Massenkämpfe der Arbeiter- und Volksbewegung entwickeln, wenn eine offene politische Krise aufbricht. Offene politische Krisen haben allgemein das Potenzial einer revolutionären Gärung, wenn die Massen nicht mehr in der alten Weise leben wollen und die Herrschenden nicht mehr in der alten Weise regieren können. Ein Umschlag von einer offenen politischen in eine revolutionäre Krise setzt heute voraus, dass die Massen unter dem Einfluss revolutionärer

Parteien politisiert und revolutioniert werden. Das geht nicht, ohne dass die entscheidende Mehrheit der Arbeiterklasse mit der kleinbürgerlichen Denkweise fertigwird.

In einer solchen Situation werden die Herrschenden nicht zögern, von hauptsächlich betrügerischen zu hauptsächlich offen reaktionären Methoden der weltanschaulichen und gewaltsamen Unterdrückung überzugehen. Zu den zwei Herrschaftsformen des Imperialismus heißt es in dem Buch »Der staatsmonopolistische Kapitalismus in der BRD«:

»Demokratie und Diktatur sind Ausdruck der zwei grundsätzlichen Methoden monopolistischer Herrschaft: der Methode der Gewalt und der Methode der Zugeständnisse.«[215]

Das Buch analysiert, wann es zur Änderung der Herrschaftsmethode kommt.

»Wenn das Monopolkapital aufgrund einer tiefgreifenden Wirtschaftskrise, der Zuspitzung der Klassengegensätze und -kämpfe und einer teilweisen Erschütterung seiner Macht die Herrschaft über die Massen mit den Methoden der bürgerlichen Demokratie und des Parlamentarismus nicht mehr ausüben kann, werden die Überreste der bürgerlichen Demokratie beseitigt, und die offene Gewalt wird zum Regierungssystem erhoben. Dies kann in Form einer Militärdiktatur oder in Form einer faschistischen Diktatur geschehen.«[216]

Zur Zeit der Weltwirtschaftskrise 1929 bis 1932 drohte den herrschenden Monopolen in der zugespitzten gesellschaftlichen Polarisierung akut ein weitgehender Verlust ihrer Massenbasis. Die »Gefahr« einer sozialistischen Revolution nach dem Vorbild der Sowjetunion nahm zu. Bei den Reichstags-

---

[215] Willi Dickhut, »Der staatsmonopolistische Kapitalismus in der BRD«, Bd. II, S. 238

[216] ebenda, S. 240/241

wahlen im November 1932 hatte die KPD 5,98 Millionen Wählerstimmen erzielt. Gegenüber den Wahlen im Juli desselben Jahres kamen – trotz einer gesunkenen Wahlbeteiligung – 698 000 Wähler hinzu. Die NSDAP erreichte 11,7 Millionen Wählerstimmen, das heißt, sie verlor zwei Millionen Stimmen. SPD und KPD hätten zusammen den stärksten Block auf antifaschistischer Grundlage bilden können.

In dieser Situation entschied sich das deutsche Monopolkapital bewusst, zu einer **offen terroristischen Diktatur über die gesamte Gesellschaft** überzugehen. Es unterstützte mit allen politischen und finanziellen Mitteln die sich demagogisch »Nationalsozialistische Deutsche Arbeiterpartei« nennende faschistische NSDAP.

Um Einfluss unter den Massen zu bekommen, entfaltete die NSDAP eine extrem rassistische, sozialfaschistische und antikommunistische Demagogie. Sie textete Melodien bekannter Lieder der Arbeiterbewegung um, kopierte Organisationsformen der Arbeiterbewegung und verdrehte Begriffe des Sozialismus, gab ihnen einen völkischen, rassistischen und antikommunistischen, einen faschistischen Inhalt.

Um sein tatsächliches Wesen zu tarnen, bediente sich der Faschismus antikapitalistischer Phrasen, die nur zur Täuschung der Massen bestimmt waren. In Hitlers berüchtigter Rede vom 27. Januar 1932 vor Vertretern des deutschen Monopolkapitals in Düsseldorf fand sich allerdings kein antikapitalistischer Ton. Hier legte er unverblümt seine Ziele offen: Mit einem faschistischen, gegen den Marxismus-Leninismus und die Sowjetunion gerichteten Programm diente er sich den Herrschenden an. Er attackierte die Kommunisten als Hauptgegner des deutschen imperialistischen Expansionsstrebens und warnte davor,

»daß der Bolschewismus … eine Weltauffassung (ist), die im Begriff steht, sich den ganzen asiatischen Kontinent zu

unterwerfen«. Deshalb habe die NSDAP *»den unerbittlichen Entschluß gefaßt,* **den Marxismus bis zur letzten Wurzel in Deutschland auszurotten«.**[217]

Nach der Ermächtigung durch Hindenburg, den Kriegsgeneral der Reichswehr und amtierenden Reichspräsidenten, konnte Hitler am 30. Januar 1933 die den Monopolherren angepriesene faschistische Diktatur verwirklichen. Das bedeutete zuallererst brutalsten Terror gegen die Kommunisten. Schon im März 1933 wurde die KPD verboten. Die ersten Konzentrationslager wurden mit fast ausschließlich kommunistischen Insassen gefüllt. 1932 hatte die KPD 300 000 Mitglieder. Etwa 150 000 von ihnen nahm der faschistische Terror in Haft, verurteilte sie und ermordete rund 35 000.[218] Der faschistische Terror traf Stück um Stück auch weitere fortschrittliche Menschen unterschiedlicher gesellschaftlicher Strömungen: Gewerkschafter, Sozialdemokraten, Pazifisten, aufrechte Christen und andere. Zigtausende von ihnen landeten in Zuchthäusern und Folterkellern, Hunderttausende verschwanden als »Schutzhäftlinge« in den Konzentrationslagern. Die »Schutzhäftlinge« hatten keinerlei Rechte und Möglichkeiten, gegen diese Inhaftierungen vorzugehen.

Die Judenverfolgung begründeten die Hitler-Faschisten mit einem auf die Spitze getriebenen Judenhass, aber auch mit einer antikommunistischen Variante des Antisemitismus: Der Marxismus sei ein »Produkt des Judentums« und ein »jüdisch-bolschewistisches internationales Finanzkapital« wolle seine Weltherrschaft errichten. Der faschistische Terror traf zunehmend auch Roma und Sinti, Homosexuelle, sogenannte

---

[217] »Geschichte der deutschen Arbeiterbewegung«, Bd. 4, S. 564/565 – Hervorhebung Verf.

[218] www.ddr.biografien.de; Kommunistischer Widerstand 1933–1945

»Asoziale« und Menschen mit körperlichen oder geistigen Behinderungen.

Die militärische Eroberung und Besetzung vieler Länder im Zweiten Weltkrieg ermöglichte es den Faschisten, Millionen Kriegsgefangene in Lager zu verschleppen, viele brutal als Zwangsarbeiter für die deutschen Monopole auszubeuten, sie bestialisch zu foltern oder systematisch zu liquidieren. Bis zu elf Millionen Menschen verloren in den schließlich über 1 000 Konzentrationslagern ihr Leben; davon allein vier der insgesamt sechs Millionen ermordeten jüdischen Menschen.

Die internationale revolutionäre und Arbeiterbewegung leistete den größten Blutzoll, wenn die 26 Millionen getöteten Sowjetbürger und russischen Kriegsgefangenen sowie Kommunisten, Revolutionäre und Widerstandskämpfer aus ganz Europa gemeinsam betrachtet werden.

Die Kommunisten waren, sind und bleiben die entschiedensten Gegner des Faschismus! Das wird in der bürgerlichen Geschichtsschreibung heute geflissentlich übergangen. Die internationale revolutionäre und Arbeiterbewegung verlor mutige Kämpfer, wertvolle Erfahrungen sowie ideologisch-politische Substanz, Zehntausende führende Kader wurden liquidiert. Vor allem beim Aufbau der antifaschistisch-demokratischen und sozialistischen Länder in der Nachkriegszeit wirkte sich dieser hohe Blutzoll negativ aus.

Die **faschistische Ideologie ist die reaktionärste Spielart der bürgerlichen Ideologie.** Sie bedeutet die weltanschauliche Rechtfertigung der finstersten Reaktion des Imperialismus in allen Bereichen des gesellschaftlichen Lebens. Sie begründet und praktiziert die grausamste kapitalistische Barbarei als staatliches Herrschaftssystem.

Zur Schaffung einer breiten Massenbasis dienten **Rassismus** und **Chauvinismus** als fester Bestandteil der faschistischen Ideologie. Sie und der Antisemitismus wollen

»auf demagogische Weise Ausbeuter und Ausgebeutete, Herrschende und Beherrschte eines Landes höherwertig erscheinen lassen und die Klassenwidersprüche versöhnen, indem andere Völker, Religionen oder Nationalitäten diskriminiert, als minderwertig dargestellt werden. Solche Hetze zielt auch darauf ab, die Massen zu spalten. Daneben versucht der Faschismus, bestimmte Schichten des eigenen Volks materiell zu korrumpieren.«[219]

Mit der **völkischen Ideologie** gewann der Faschismus seine notwendige Massenbasis. Sie rekrutierte sich vor allem aus kleinbürgerlichen und bäuerlichen Schichten, aber auch aus Arbeitern mit geringem Klassenbewusstsein, vor allem aus dem Heer von Millionen verarmten Arbeitslosen. Unter vielen Frauen gewann der Faschismus Einfluss durch die Glorifizierung der Mutterrolle. Ein Überbleibsel davon ist der heute noch in Deutschland gefeierte Muttertag.

Die **völkische Ideologie** entstand mit dem Übergang des Kapitalismus zum Imperialismus. In ihr steht der Begriff »Volk« für eine Bevölkerung ohne Klassenwidersprüche auf der Grundlage einer rassistischen, chauvinistischen, sozialdarwinistischen, religiös verbrämten und idealistisch verklärten Volksgemeinschafts-Ideologie. Die völkische Ideologie will den Klassenkampf und die antagonistischen Klassenwidersprüche zwischen dem Monopolkapital und der Arbeiterklasse durch das angeblich quer durch alle Klassen und Schichten vereinte »Volk« ersetzen. Bestandteil der völkischen Ideologie ist die frei erfundene Behauptung, es gäbe ein seit Jahrtau-

---

[219] Stefan Engel, »Morgenröte der internationalen sozialistischen Revolution«, S. 247

senden homogenes deutsches Volk aus einer überlegenen arischen Rasse. Menschenrassen gibt es in Wahrheit nicht! Dazu schreibt die Max-Planck-Gesellschaft:

»Es gibt im menschlichen Genom … kein einziges Gen, welches ›rassische‹ Unterschiede begründet.«[220]

Die moderne Menschheit entstand in einem weiten Gebiet von Europa, Asien und Afrika. Jeglicher gesellschaftliche Fortschritt vollzog sich in der Geschichte der Menschheit durch die Entwicklung der Produktivkräfte und durch Migration, Austausch, Verkehr, Kommunikation und Durchdringung verschiedener Völker und Kulturen. Programmatisch erklärte Hitler in einer Wahlkampfrede im Juli 1932:

»Es ist das eigentliche Wesen dieser Bewegung, daß sie den Gedanken des klassen- und standesbewußten Menschen endgültig begraben und an ihre Stelle gesetzt hat den Gedanken des Volkes, des völkisch bewußten Menschen«.[221]

Der *»Gedanke des völkisch bewußten Menschen«* war die **ultrareaktionäre Spielart der Klassenversöhnung**, die die Massen für den barbarischen Krieg der »deutschen Herrenrasse« gegen den »Weltbolschewismus« begeistern sollte. So dichtete Hitler in »Mein Kampf« dem sogenannten »Arier« eine *»höhere Kultur«* und damit verbundene Rechte an:

»Als Eroberer unterwarf er sich die niederen Menschen und regelte dann deren praktische Betätigung unter seinem Befehl, nach seinem Wollen und für seine Ziele.«[222]

Willi Dickhut, Vordenker und Mitbegründer der MLPD, erkannte schon als junger Funktionär der KPD die herausra-

---

[220] Max-Planck-Institut für Menschheitsgeschichte, Jenaer Erklärung, 10.9.2019

[221] Rede in Stralsund, 20.7.1932

[222] »Mein Kampf«, S. 324

gende Bedeutung des weltanschaulichen Kampfs gegen den
Faschismus und die große Gefahr, diesen Kampf zu ver-
nachlässigen:

>>*Es entbrannte ein ideologisch-politischer Kampf um die Ge-
winnung der Massen, wie ihn die deutsche Geschichte noch nie
gekannt hatte, ein Kampf um die Entscheidung: proletarische
Revolution oder faschistische Diktatur. Hier ging es nicht nur
um Abwehr faschistischer Mordbanditen durch bewaffnete
Arbeitergruppen. Es bestand sogar die Gefahr, durch solche
Aktionen vom ideologisch-politischen Kampf abgedrängt zu
werden.*<<[223]*

Die kommunistische Weltbewegung führte in den 1930er-
Jahren eine prinzipielle Auseinandersetzung gegen eine Un-
terschätzung der faschistischen Ideologie, insbesondere ihrer völkischen Demagogie. Auf dem VII. Weltkongress der
Komintern[224] hielt der Generalsekretär Georgi Dimitroff am
2. August 1935 einen grundsätzlichen Beitrag >>Über den ideologischen Kampf gegen den Faschismus<<:

>>*Viele Genossen glaubten nicht, daß eine so reaktionäre
Abart der bürgerlichen Ideologie, wie die Ideologie des Faschismus, die sich in ihrer Unsinnigkeit häufig bis zum Wahn-
witz versteigt, überhaupt fähig ist, Einfluß auf die Massen zu
gewinnen. Das war ein großer Fehler. Die weit vorgeschrittene
Verwesung des Kapitalismus dringt in das Kernstück seiner
Ideologie und Kultur, und die verzweifelte Lage der breiten
Volksmassen macht gewisse Schichten für die Ansteckung mit
den ideologischen Abfällen dieser Verwesung empfänglich.*<<[225]

---

[223] Willi Dickhut, >>So war's damals<<, S. 167

[224] Der VII. Weltkongress korrigierte auch sektiererische Ausrichtungen wie
die Sozialfaschismustheorie gegenüber der SPD oder die Gründung eigener,
roter Gewerkschaften.

[225] >>Über den ideologischen Kampf gegen den Faschismus<<, in: Georgi Dimitroff, Ausgewählte Schriften, S. 150

In der antifaschistischen Bewegung werden die Losungen »Keinen Fußbreit den Faschisten!« und »Wehret den Anfängen!« oftmals ausgehend von der Politik der Autonomen einseitig aktionistisch verstanden. Zweifellos ist es notwendig, sich den faschistischen Aktivitäten auch in der Praxis politisch entgegenzustellen. Heroisch waren auch die bewaffneten Widerstandskämpfe gegen den Faschismus auf dem Balkan, in Frankreich, Spanien oder Italien. Bei alledem bleibt es jedoch **ausschlaggebend**, eine breite **weltanschauliche antifaschistische Aufklärungsarbeit** unter den Massen zu leisten, den Charakter des Faschismus zu entlarven und den wissenschaftlichen Sozialismus zu propagieren.

Dies ist umso notwendiger, als sich heute die faschistischen Ideologen – wie der Thüringer AfD-Funktionär und Faschist Björn Höcke – einer **modifizierten völkischen Propaganda** bedienen, die insbesondere bei unpolitischen Menschen zur Verwirrung führt. Sie geben sich einen **pseudodemokratischen**, zum Teil sogar »**antikapitalistischen**« **Anstrich**. So sagte Höcke auf einer Pegida-Demonstration in Dresden:

»Die Herrschaft der verbrauchten Parteien und Eliten muss abgelöst werden und wir werden sie ablösen«.[226]

Darunter versteht er aber nicht den Sturz der Diktatur der Monopole, vielmehr strebt er die Vorherrschaft einer »weißen europäischen Rasse« an. Die Faschisten sprechen heute in der Regel nicht mehr von Rassen, sondern von »Volk« und von »kultureller Identität«. Sie brauchen diese idealistische Fiktion von der kulturellen Identität für ihr Konstrukt eines äußeren Feinds. Das äußert sich in Losungen wie »America first« oder »Deutschland über alles«.

---

[226] https://www.businessinsider.de/politik/thueringen-das-sind-die-radikalen-zitate-von-afd-rechtsaussen-bjoern-hoecke/

Die antikommunistische Grundlage des bürgerlichen Antifaschismus heute

Nach dem Zweiten Weltkrieg verhinderte das tiefe antifaschistische Bewusstsein der Bevölkerung in Deutschland lange Zeit, dass sich faschistische Propaganda und faschistische Organisationen wieder breitmachen konnten. Dieses antifaschistische Bewusstsein reichte bis weit in bürgerliche Kreise. Hatten doch auch bürgerliche Antifaschisten aus demokratischen oder christlichen, teilweise auch aus mit der Sowjetunion sympathisierenden Kreisen den Widerstand gegen den Hitler-Faschismus aktiv mitgetragen. Ihnen war eine weltanschauliche Offenheit gemeinsam, im Widerstand gegen den Faschismus eng mit Kommunisten zusammenzuarbeiten.[227] Diese Art des **fortschrittlichen überparteilichen bürgerlichen Antifaschismus** wurde von den Kommunisten stets gewürdigt und gefördert. Das gilt auch heute.

Doch im Charakter des inzwischen vorherrschenden bürgerlichen Antifaschismus trat eine Wandlung ein. Selbst für die stramm auf der Grundlage des Antikommunismus ausgerichteten bürgerlichen Parteien wurde es unumgänglich, den Antifaschismus in ihr Repertoire aufzunehmen, um ihren Einfluss auf die Massen zu erhalten. Zugleich richteten sie den bürgerlichen Antifaschismus auf der Grundlage des Antikommunismus neu aus.

Dieser **heute vorherrschende reaktionäre bürgerliche Antifaschismus** reduziert die faschistische Ideologie und Politik auf Rassismus, Antisemitismus und Vernichtung der Juden, um von ihrem bürgerlichen Klassencharakter abzu-

---

[227] Für eine solche Haltung stehen Namen wie der protestantische Pfarrer Dietrich Bonhoeffer oder der Schriftsteller und Nobelpreisträger Carl von Ossietzky, während die heute besonders hervorgehobenen Hitler-Attentäter um Graf von Stauffenberg selbst reaktionär und antikommunistisch waren.

lenken. Das ist eine **Verfälschung der geschichtlichen Tatsachen**; der Faschismus Adolf Hitlers hatte einen imperialistischen Charakter und war vor allem die aggressiv **antikommunistische Antwort** auf den sich ausbreitenden wissenschaftlichen Sozialismus und die Revolutionierung des proletarischen Klassenkampfs. Rassismus und Antisemitismus hatten dagegen Kolonialisten und christliche Kirchen schon jahrhundertelang aktiv betrieben. Die NSDAP integrierte sie in die faschistische Ideologie, um ihre Massenbasis zu erweitern und zu fördern. Mit dem Holocaust, dem Völkermord an den Juden, steigerten sie den Antisemitismus bis zum Exzess.

Wie der heute vorherrschende reaktionäre bürgerliche Antifaschismus sein Unwesen treibt, zeigt die Unterdrückung einer Gedenkveranstaltung des Internationalistischen Bündnisses.[228] Zum 75. Jahrestag der Ermordung Ernst Thälmanns im KZ Buchenwald sollte sie am 17. August 2019 stattfinden, doch die Stadtverwaltung Weimar stellte sich dagegen. Auf Betreiben der Führung der »Stiftung Gedenkstätten Buchenwald und Mittelbau-Dora« verbot sie die Veranstaltung auf dem Gelände des ehemaligen KZs Buchenwald. Der Sprecher der Stiftung, Rikola-Gunnar Lüttgenau, begründete dies:

»Die von der MLPD propagierten Ziele lassen sich mit dem Zweck unserer Stiftung … nicht vereinbaren.« Er drohte, *»bei Zuwiderhandlungen von unserem Hausrecht Gebrauch machen«* zu müssen und den *»Zutritt zur Gedenkstätte zu verwehren«*.[229]

Was für eine Farce! Den Kommunisten wird es untersagt, den herausragenden Kommunisten und langjährigen Vorsit-

---

[228] Zusammenschluss fortschrittlicher und revolutionärer Kräfte in Deutschland mit 42 Trägerorganisationen (Stand Februar 2021), in dem auch die MLPD mitarbeitet

[229] Schreiben vom 15. 7. 2019

zenden der revolutionären KPD, Ernst Thälmann, am Platz seiner Ermordung zu würdigen. Am Tag der geplanten Kundgebung ließen die Verantwortlichen in ihrem antikommunistischen Wahn vor der Gedenkstätte des KZs Buchenwald Polizeisperren errichten. Im Radio konnte die Bevölkerung laufend Warnungen hören vor angeblichen »Linksextremisten« und ihren vermeintlich geplanten »gewaltsamen Aktionen«. Die von der Partei »DIE LINKE« geführte Thüringer Staatskanzlei, der die Stiftung unterstellt ist, trug das ganze unwürdige Schauspiel wohlwollend mit.

Das Verwaltungsgericht Weimar bekräftigte am 15. August 2019 dieses antikommunistisch motivierte Verbot ausdrücklich auch mit einem geplanten Redebeitrag von Stefan Engel: Er wolle über die bloße geschichtliche Erinnerung hinaus »*den Bogen zur Situation heute*« spannen. Dadurch würde nicht nur die Opferwürde Ernst Thälmanns verletzt, sondern durch die »*einseitige Würdigung*« des Kommunisten Ernst Thälmann eine »*Zurücksetzung der anderen Opfergruppen*« betrieben.

Für den heute vorherrschenden reaktionären bürgerlichen Antifaschismus ist es verwerflich, die geschichtliche Aufarbeitung des Faschismus mit der heutigen Situation in Verbindung zu bringen. Dies ausgerechnet in einer Situation, in der faschistische, rassistische und völkische Bewegungen, Parteien und Organisationen auf der ganzen Welt angetreten sind, den Faschismus wieder salonfähig zu machen, und ihren Terror gegen Revolutionäre, demokratische Politiker oder Flüchtlinge entfalten.

Das Verwaltungsgericht Weimar bestätigte die These von der »*Zurücksetzung der anderen Opfergruppen*« und folgte damit der Auffassung des Stiftungsrats. Damit waren zweifellos auch jene Häftlinge auf der Anlage des KZs Buchenwald gemeint, die nach dem Zweiten Weltkrieg von den Siegermächten abgeurteilt und in den ehemaligen KZ-Anlagen inhaftiert worden waren. Die meisten waren NS-Funktionäre, die während des Zweiten Weltkriegs Terror oder Kriegsverbrechen begangen hatten. Der bürgerliche Antifaschismus setzt so die Aburteilung faschistischer Mörder und Folterknechte gleich mit den faschistischen Gräueltaten an KZ-Gefangenen. Nach der Wiedervereinigung wurden nahezu alle staatlichen Gedenkstätten, die Geschichte oder Opfer des Faschismus zum Thema hatten, antikommunistisch ausgerichtet.

Daran wird deutlich, dass es dem bürgerlichen Antifaschismus in Wirklichkeit nicht hauptsächlich um den antifaschistischen Kampf und die Würdigung seiner Vorkämpfer geht, sondern um eine besonders subtile und demagogische Form des Antikommunismus.

Der bürgerliche Antifaschismus unterschlägt darüber hinaus die geschichtliche Tatsache, dass die faschistische Hitler-Diktatur nur mit Zustimmung und im Auftrag der herrschenden deutschen Monopole entstehen konnte. Er leugnet die grundlegende Lehre, dass der Faschismus seine Wurzeln in der kapitalistischen Gesellschaftsordnung, in der Diktatur der Monopole hat. Ebenso wenig darf die Tatsache vergessen werden, dass die Alliierten nach dem Zweiten Weltkrieg zwar einige Repräsentanten großer Monopole, auch kleinere und mittlere Kapitalisten wegen ihrer Unterstützung des Faschismus oder ihrer Kriegsverbrechen inhaftierten und enteigneten, dass dann aber die meisten dieser Faschisten und Kriegsverbrecher rasch wieder rehabilitiert wurden, als nach Gründung der Bundesrepublik Deutschland 1949 der neudeutsche Imperialismus entstand.

Insbesondere **historische Gedenk- und Jahrestage** werden in der Regel zu wahren weltanschaulichen Schlachten. Noch zum 25. Jahrestag der Befreiung vom Hitler-Faschismus 1970 hatte sich die CDU/CSU massiv gegen eine Regierungserklärung des damaligen Kanzlers Brandt verwahrt, in welcher der 8. Mai als Tag der Befreiung vom Hitler-Faschismus gefeiert werden sollte. Ihre bezeichnende Begründung: *»Niederlagen feiert man nicht«.* Erst 1985, 40 Jahre nach der Befreiung, konnte sich ein Staatsoberhaupt der BRD, Bundespräsident Richard von Weizsäcker, dazu durchringen, vom *»Tag der Befreiung«* zu sprechen.

Im Jahr 2020, zum 75. Jahrestag, unterschlug Bundespräsident Steinmeier in seiner Gedenkrede zum 8. Mai bewusst die führende Rolle der Sowjetunion oder der Roten Armee bei dieser Befreiung. Eine ganze Flut ultrareaktionärer Deutungen des 8. Mai 1945 mit dem Hauptstoß gegen den Kommunismus bekam breiten Raum in den bürgerlichen Medien. AfD-Chef Gauland verunglimpfte den 8. Mai als *»Tag der absoluten Niederlage, ein Tag des Verlustes von großen Teilen Deutschlands«*[230]. Die taz, Leib- und Magenblatt der »Grünen«, nutzte den Anlass ebenfalls für ihre antikommunistische Bewertung:

»Doch mündete das Ende der Okkupation durch die Deutschen keineswegs überall in Demokratie – sondern in eine neue Besatzung. Stalins Sowjetunion konnte infolge des Kriegsendes expandieren.«[231]

Welche primitive Hetze! Sie setzt auf die Unkenntnis vieler Menschen. War es doch die sozialistische Sowjetunion unter Stalins Führung, die sich maßgeblich für die Einheit Deutschlands, für die Demonopolisierung, Entmilitarisierung und Entnazifizierung, also für demokratische Rechte und Freiheiten in Deutschland einsetzte. Unter dem Schutzschirm der sozialistischen Sowjetunion entstanden überall in Osteuropa antifaschistisch-demokratische Ordnungen als Übergang zum Sozialismus unter Ausschaltung der Monopole und der Faschisten aus der Regierung.

---

[230] ntv.de, 6.5.2020

[231] taz, 8.5.2020

Wer den Sozialismus als verbrecherisches Regime kennzeichnet, der gibt den Faschisten objektiv eine Berechtigung. Denn die »Ausrottung des Bolschewismus« war das erklärte Hauptziel der Hitler-Faschisten. Jeder ehrliche Antifaschist muss sich dieser Dimension des bürgerlichen Antifaschismus und seiner antikommunistischen Grundlage bewusst sein, muss damit fertigwerden und sich der Fälschung der Geschichte entgegenstellen.

5. Aufstieg und Niedergang des modernen Revisionismus

Revisionismus bedeutet in der marxistisch-leninistischen Terminologie die Verfälschung grundlegender Auffassungen und Prinzipien sowie der Methoden und der Praxis des wissenschaftlichen Sozialismus bei formaler Beibehaltung sozialistischer Begriffe.

Seit der Entstehung des Marxismus gab es immer wieder revisionistische Tendenzen. Dabei verfolgten die Revisionisten die unehrliche und zugleich **defensive Methode**, den Marxismus-Leninismus nicht offen anzugreifen, sondern sich mit revolutionären Phrasen zu tarnen. Marx, Engels, Lenin, Stalin und Mao Zedong bekämpften vehement den Revisionismus ihrer Zeit.

Die schwerste Niederlage gegen den **modernen Revisionismus** erlitt die revolutionäre Weltbewegung mit dem XX. Parteitag der KPdSU im Februar 1956 in Moskau. Zuvor war die Sowjetunion 39 Jahre lang erfolgreich vorangeschritten auf dem Weg zum Sozialismus und Kommunismus. Die über Jahre schleichend entstandene und immer weiter um sich greifende kleinbürgerlich entartete Bürokratie setzte mit dem XX. Parteitag den **modernen Revisionismus als neue weltanschauliche Grundlage der Sowjetunion** durch. Die modernen Revisionisten stammten aus der Partei-, Staats- und Wirtschaftsführung, der Generalsekretär der KPdSU, Nikita Chruschtschow, führte sie. Es entstand ein ideologischer Überbau für die Machtergreifung einer bürokratischen Monopolbourgeoisie neuen Typs und für die Restauration des Kapitalismus.

Diese Entwicklung kam nicht über Nacht. Während des ganzen sozialistischen Aufbaus hörte der Klassenkampf nicht auf, gab es ein Kräftemessen zwischen Proletariat und Bourgeoisie, zwischen proletarischer und bürgerlicher Weltanschauung. Erst nach Stalins Tod setzte sich 1956 mit Chruschtschows Sieg die bürgerliche Ideologie durch.

Die kleinbürgerliche Bürokratie trägt ein Parteibuch in der Tasche und ist mit Machtbefugnissen ausgestattet, sie ist besonders anfällig für die kleinbürgerliche und bürgerliche Denk-, Arbeits- und Lebensweise. Wenn sich ihre Entscheidungsbefugnisse in einem kleinbürgerlichen Machtgefühl auswirken und dies zur Triebkraft ihres Handelns wird, dann wird die proletarische Weltanschauung von der bürgerlichen untergraben und verdrängt. Dann ergreifen Selbstherrlichkeit, Eitelkeit und Überheblichkeit Besitz von den Funktionären, wird Kritik unterdrückt und Selbstkritik abgelehnt, nimmt persönliche Vorteilsnahme für Familienmitglieder und Freunde zu. Das ist weder »typisch menschlich« noch unvermeidlich, sondern wurzelt in der Tradition der Ausbeutermentalität, von Konkurrenz und Egoismus des Kapitalismus; sie prägen zunächst auch sozialistische Gesellschaften weiter und wirken noch lange Zeit.

Auf der Grundlage der kleinbürgerlichen Denk- und Lebensweise wirkte der kleinbürgerliche/bürgerliche Ehrgeiz als Triebkraft von immer mehr Bürokraten. Sie konnten einen

Fehler des XVII. Parteitags der KPdSU(B) nutzen, der 1934 die Unabhängigkeit der Zentralen Kontrollkommission aufhob, wie sie Lenin initiiert hatte. Dieser Kontrolle entzogen, strebten sie nach immer höheren Positionen, nach Unabhängigkeit und erweiterten Privilegien. Ihre Sehnsucht, zur neuen Bourgeoisie aufzusteigen, stärkte ihr Streben, nach Stalins Tod die Macht zu ergreifen, den Sozialismus zu zerstören und den Kapitalismus wiederherzustellen.

Lenin, Stalin und Mao Zedong erkannten die große Gefahr der Bürokratisierung der Partei-, Wirtschafts- und Staatsführung, der Entstehung einer neuen Bourgeoisie und der Restauration des Kapitalismus. Stalin unterschied sich in dieser Frage aber von der Klarheit und Konsequenz Lenins und Mao Zedongs. Über die Fehler Stalins führte Willi Dickhut aus:

»Der notwendige ideologisch-politische Kampf gegen die Träger der kleinbürgerlichen Denkweise wurde vernachlässigt. **Das war der erste Hauptfehler der KPdSU unter Führung Stalins.** *Durch das Nachlassen des ideologisch-politischen Kampfes drang die kleinbürgerliche Denkweise immer tiefer in die Reihen der Partei-, Staats- und Wirtschaftsbürokratie ein und zersetzte die proletarische Denk- und Arbeitsweise. Der Verzicht auf die Mobilisierung der breiten Volksmassen gegen die entarteten Vertreter der Bürokratie war* **der zweite Hauptfehler Stalins.** *Statt dessen setzte er den Staatssicherheitsdienst gegen die Bürokratie mit kleinbürgerlicher Denkweise ein ...*

Der sozialistische Aufbau kann aber nur siegen, wenn an Stelle der kleinbürgerlichen Denkweise die proletarische, sozialistische Denkweise vorherrscht.«[232]

Der moderne Revisionismus der Nachfolger Stalins siegte über den Marxismus-Leninismus und zerstörte die weltan-

---

[232] »Sozialismus am Ende?«, S. 22/23

schaulichen und – daraus resultierend – die politischen und
ökonomischen Grundlagen des Sozialismus. Aus der sozialistischen entstand eine bürgerliche Gesellschaft, ein **büro-
kratischer staatsmonopolistischer Kapitalismus neuen
Typs**.

Die modernen Revisionisten um Chruschtschow tarnten die
Errichtung ihrer bürokratisch-kapitalistischen Herrschaft als
»Demokratisierung des Sozialismus«. Sie besudelten das welt-
weite und besonders unter den Massen verbreitete Ansehen
Stalins, indem sie ihre »Befreiung« von der sozialistischen
Kontrolle der Bürokratie als Befreiung der gesamten Bevölke-
rung von dem »Diktator« Stalin ausgaben. Die ganze bürgerli-
che Welt bejubelte Chruschtschow als Kronzeugen und neuen
Verbündeten des Antikommunismus.

Der moderne Revisionismus

Der moderne Revisionismus Chruschtschows war eine **neue
Form der bürgerlichen Ideologie**. Auf dem XX. Parteitag
der KPdSU waren es vor allem drei grundlegende Auffassungen des Marxismus-Leninismus, die durch revisionistische
Theorien ersetzt wurden.

Erstens: Die modernen Revisionisten der KPdSU revi-
dierten den »*marxistisch-leninistischen Leitsatz, daß Kriege
unvermeidlich sind, so lange es den Imperialismus gibt*«.[233]
Mit dieser **revisionistischen Variante des bürgerlichen
Pazifismus** wurde der **Kampf um den Frieden vom Klassenkampf des Proletariats getrennt** und der **nationale Befreiungskampf der unterdrückten Völker** als den
»*Weltfrieden gefährdend*« **diffamiert**.

---

[233] XX. Parteitag der Kommunistischen Partei der Sowjetunion, Verlag Das
Neue Wort, Düsseldorf 1956, S. 33

Zweitens machte Chruschtschow die *»friedliche Koexistenz«* zwischen sozialistischen und imperialistischen Ländern zum *»Grundprinzip der sowjetischen Außenpolitik«.*[234] Er vertrat, *»daß Länder mit verschiedenen sozialen Systemen ... eine Festigung des Vertrauens und gegenseitige Zusammenarbeit anstreben müssen«.*[235] *»Vertrauen«* in die Imperialisten und *»Zusammenarbeit«* mit ihnen?

Damit propagierte Chruschtschow die **Illusion einer Aussöhnung zwischen Sozialismus und Imperialismus.** Die Kommunistische Partei Chinas unter Führung Mao Zedongs bekräftigte dagegen unmissverständlich, dass entsprechend den Lehren Lenins *»der proletarische Internationalismus für die Außenpolitik Chinas als das höchste Leitprinzip gilt.«*[236]

Drittens: Die revisionistische Theorie der *»Möglichkeit eines friedlichen Verlaufs der Revolution beim Übergang zum Sozialismus«.*[237] Diese Illusion war eine der wesentlichen weltanschaulichen Bedingungen für das Wiederaufleben des Reformismus in der internationalen Arbeiterbewegung und kostete wie zum Beispiel in Chile 1973 zehntausendfach Menschenleben. Die Aufforderung zum **Verzicht auf die revolutionäre Selbstbefreiung** kannte die internationale Arbeiterbewegung zuvor nur von den Ideologen des westlichen Imperialismus.

Auf dem XXI. und XXII. Parteitag der KPdSU bauten die modernen Revisionisten die **revisionistische Theorie weiter aus.** 1961 ersetzten sie auf dem XXII. Parteitag die

---

[234] ebenda, S. 31

[235] ebenda, S. 33

[236] Kommuniqué der 11. Plenartagung des VII. Zentralkomitees der Kommunistischen Partei Chinas, angenommen am 12.8.1966, in: »Wichtige Dokumente der Kulturrevolution«, S. 191

[237] XX. Parteitag der Kommunistischen Partei der Sowjetunion, Verlag Das Neue Wort, Düsseldorf 1956, S. 219

Diktatur des Proletariats durch den Schwindel vom *»Staat des ganzen Volkes«* und der *»Partei des ganzen Volkes«*. Die revisionistische KPdSU **leugnete den Klassencharakter der sozialistischen Gesellschaft** und der **proletarischen Partei**. Sie wollte damit in Wahrheit die Machtergreifung der neuen bürokratischen Monopolbourgeoisie theoretisch rechtfertigen und weltanschaulich verschleiern.

Der moderne Revisionismus wendet bewusst Methoden des **Eklektizismus** und der **Metaphysik** an. Entweder relativiert er allgemeingültige Aussagen des Marxismus-Leninismus als zeitbedingt oder er wertet umgekehrt zeitbedingte Aussagen zu angeblichen Prinzipien des Marxismus-Leninismus auf. Chruschtschow deklarierte auf dem XX. Parteitag der KPdSU die marxistisch-leninistische Position, dass Imperialismus gesetzmäßig zum Krieg führt, als zeitbezogene Aussage:

»Dieser Leitsatz wurde in einer Zeit ausgearbeitet, als 1. der Imperialismus ein allumfassendes Weltsystem war, und 2. die am Kriege nichtinteressierten gesellschaftlichen und politischen Kräfte schwach, ungenügend organisiert waren und deshalb die Imperialisten nicht zwingen konnten, auf Kriege zu verzichten ... Für den damaligen Zeitraum war diese These absolut richtig, heute jedoch hat sich die Lage grundlegend geändert. Das Weltlager des Sozialismus entstand und wurde zu einer mächtigen Kraft.«[238]

Gab es etwa kein imperialistisches Weltsystem außerhalb des sozialistischen Lagers mehr? Chruschtschow verbreitete die Illusion, imperialistische Kriege könnten verhindert werden durch die Übermacht des Sozialismus und den *»Zwang, auf Kriege zu verzichten«* sowie durch *»die am Kriege nicht interessierten gesellschaftlichen und politischen Kräfte«*. Die

---

[238] ebenda, S. 33/34

dieser Idee folgende abcntcuerliche Stationierung von atomaren Mittelstreckenraketen auf Kuba führte die Menschheit
1962 mit der Kuba-Krise an den Rand eines atomaren Weltkriegs.[239]

Der moderne Revisionismus setzte sich keineswegs wider-
standslos durch. Die Russische Kommunistische Arbeiterpartei (RKRP-KPSS) schreibt in ihrem Programm über die Zeit
nach 1961:

*»So wurde jede marxistische Kritik am bestehenden System
mit bürgerlicher oder revisionistischer Propaganda gleichgesetzt, und jene Leitsätze von Marx und Lenin, die der bestehenden Ordnung widersprachen, wurden unter dem Vorwand
der historischen Begrenztheit der Begründer des Marxismus
ignoriert.«*[240]

Marxisten-Leninisten   der   ICOR-Partei   Marxistisch-
Leninistische Plattform (MLP) aus Russland beschreiben
verschiedene **Organisationsformen des aktiven Widerstands**, die sich im Kampf gegen die Machtübernahme der
neuen Bourgeoisie in der Sowjetunion auf der Grundlage der
Mao-Zedong-Ideen herausbildeten:

*»Allmählich gingen die Arbeiter von individuellen persön-
lichen Aktionen gegen den Revisionismus zur Bildung von
kleinen Gruppen des kommunistischen Widerstands über. ...
Eine der ersten Gruppen dieser Art entstand 1964 in der Ukraine in der industriellen Region Charkow, wo proletarische
Traditionen stark ausgeprägt waren. Dort wurde in der Stadt*

---

[239] Gegen eine vom US-Imperialismus geplante militärische Invasion auf
Kuba ließ Chruschtschow dort provokativ Mittelstreckenraketen mit Atom-
sprengköpfen stationieren und drohte mit ihrem Einsatz. Der damalige US-
Präsident Kennedy war ebenfalls bereit, den Atomkrieg zu entfesseln, und
forderte ultimativ den Rückzug der Raketen, was in letzter Sekunde auch
geschah.

[240] Programm der RKRP-KPSS, Abschnitt I, Pkt. 2

Balakleya, nicht weit von Charkow entfernt, eine marxistische Gruppe mit dem Namen ›Revolutionäre Arbeiter- und Bauernpartei der Kommunisten‹ gegründet. Ihre Gründer waren die Brüder Adolf und Vladimir Romanenko. ... Bereits im September 1963 schrieben die Brüder eine Erklärung an das Zentralkomitee der Kommunistischen Partei Chinas, in der sie die Bestimmungen des neuen Programms der KPdSU, das auf dem 22. Parteitag 1961 verabschiedet wurde, kritisierten.«

Die Genossen der MLP berichten weiter:

»Im Spätherbst 1964 wurden die Romanenko-Brüder vom KGB verhaftet. ... (Dies) einen Tag, bevor Chruschtschow auf einem außerordentlichen Plenum des Zentralkomitees der KPdSU entmachtet wurde. ... Die Brüder Romanenko (wurden nur) durch die Fürsprache von Mao Zedong vor einer langen Gefangenschaft bewahrt.«[241] In ihrer Erklärung zogen diese kommunistischen Arbeiter eine entscheidende Schlussfolgerung:

»Es ist notwendig, die Arbeiterklasse und die Kolchosbauernschaft in kürzester Zeit mit echter revolutionär-marxistischer Theorie zu bewaffnen. ... Zu diesem Zweck ist es notwendig, in allen Fabriken, Betrieben, Kolchosen und Staatsbetrieben, Bildungseinrichtungen und Militäreinheiten Organisationen zu schaffen, die das revisionistische Wesen der Bestimmungen des KPdSU-Programms erklären.«[242]

---

[241] Aufsichtsverfahren der Staatsanwaltschaft der UdSSR, Kommentierter Katalog. März 1953–1991, veröffentlicht im Jahr 1999, sowie »Kramola«. Dissens in der UdSSR unter Chruschtschow und Breschnew 1953–1982, veröffentlicht 2005. »KGB« war damals der Geheimdienst der Sowjetunion.

[242] Programmentwurf der »Revolutionären Partei der Arbeiter und Bauern der Kommunisten«, 1964

Die Krise des modernen Revisionismus

Über mehrere Jahre entfaltete sich auf der Weltbühne der kommunistischen Bewegung ein vehement ausgetragener ideologischer Kampf zwischen modernem Revisionismus und Marxismus-Leninismus. Die Kommunistische Partei Chinas unter Führung Mao Zedongs zerpflückte 1963 in »Ein Vorschlag zur Generallinie der internationalen kommunistischen Bewegung« erstmals öffentlich den modernen Revisionismus.

»Das von der revisionistischen Chruschtschow-Clique auf dem XXII. Parteitag vorgelegte Programm der KPdSU ist das Programm eines Pseudokommunismus, ein revisionistisches Programm gegen die proletarische Revolution und für die Beseitigung der Diktatur des Proletariats und der proletarischen Partei.«[243]

Angesichts der großen Überzeugungskraft dieser weltanschaulichen Auseinandersetzung und zunehmender Probleme in der sowjetischen Wirtschaft geriet Chruschtschows moderner Revisionismus in die Krise. Willi Dickhut führte über die Hintergründe von Chruschtschows Absetzung 1964 aus:

»Der Sturz Chruschtschows war die Folge der wachsenden Unzufriedenheit des sowjetischen Volkes mit seiner volksfeindlichen Politik, vor allem mit seiner verhängnisvollen Wirtschaftspolitik, die durch unersättliches Gewinnstreben die Industrie und Landwirtschaft der Sowjetunion an den Rand eines wirtschaftlichen Chaos gebracht hatte. Um ihre eigene Haut zu retten, stempelten ihn seine Komplizen, die übrigen revisionistischen Führer der Sowjetunion, zum Sündenbock.«[244]

---

[243] KP Chinas, »Die Polemik über die Generallinie der internationalen kommunistischen Bewegung«, S. 465

[244] »Die Restauration des Kapitalismus in der Sowjetunion«, S. 117

Neben diesen innenpolitischen Hintergründen weist Prof.
Dr. Klaus Mehnert[245] in seinem Vortrag »Der Konflikt Peking/
Moskau und die Welt« am 4. Februar 1966 auf die weltpoliti-
schen Zusammenhänge hin.

*»Ich bin der Überzeugung ... dass der Sturz Chruschtschows
mit dem chinesisch-sowjetischen Kampf verbunden ist. ... dass
in diesem Wortkampf die Chinesen den Russen weit überlegen
sind. Was die Chinesen an Aufsätzen, sonstigen Erklärungen
(vor allen Dingen seit Kuba und dem Himalaja-Krieg im Oktober 1962) gegen Chruschtschow, gegen die Chruschtschowis-
ten, gegen den Revisionismus in der Sowjetunion und so weiter
veröffentlicht haben, das ist von einer, ich würde als unbetei-
ligter Zuschauer sagen, großartigen Wucht und dialektischen
Geschicklichkeit. Da sitzt jeder Hieb da, wo es wehtut. Und
die Sowjetunion ist in der Defensive, kommt aus der Defensive nicht heraus. Es ist immer eine schlechte Position, aus der
Defensive heraus zu argumentieren, und sie tut es mit keinen
besonders überzeugenden Argumenten.«[246]*

Michail Andrejewitsch Suslow war damals der führende revisionistische Theoretiker der KPdSU, Mitglied des Politbüros
und wesentlicher Betreiber der Absetzung Chruschtschows.
In seiner Rede auf dem außerordentlichen ZK-Plenum, das
Chruschtschow absetzte, machte er seine Sorge um den Verlust der politisch-ideologischen Dominanz der sowjetischen
Führung deutlich:

---

[245] Der 1906 in Moskau geborene Klaus Mehnert wurde nach dem Studium in
Tübingen, München, Berkeley/Kalifornien und Berlin von 1931 bis 1934 Ge-
neralsekretär der reaktionären deutschen Gesellschaft für Osteuropakunde.
Nach dem Krieg gehörte er zur Redaktion des antikommunistischen Kampf-
blatts »Christ und Welt« und hatte seit 1961 einen Lehrstuhl für Politische
Wissenschaften an der Universität Aachen inne. Er starb 1984.

[246] Klaus Mehnert, »Der Konflikt Peking/Moskau und die Welt«, 4.2.1966,
S. 2 und 8/9

»Man muss sagen, dass wir jetzt eine schwierige internationale Situation haben und sich die Beziehungen zu den sozialistischen Ländern schwieriger gestalten als bisher. Noch dazu verfolgen die Chinesen eine spalterische, antiparteiische und antileninistische Politik. Mit ihnen müssen wir auch in Zukunft kämpfen.«[247]

Zum Zeitpunkt der erzwungenen Abdankung Chruschtschows hatten die modernen Revisionisten offenbar die Unterstützung durch die **Mehrheit in der internationalen kommunistischen und Arbeiterbewegung verloren**. Immer mehr Organisationen, Parteien und internationale Konferenzen wehrten sich dagegen, die Kommunistische Partei Chinas auszugrenzen, wie es die KPdSU forderte.

Ein Artikel des Magazins Der Spiegel wertet eine Woche nach der Absetzung Chruschtschows aus:

»Um 22.00 Uhr mitteleuropäischer Zeit stand am letzten Donnerstag lediglich der Name des Verlierers fest: Nikita Sergejewitsch Chruschtschow. Um 16.00 Uhr mitteleuropäischer Zeit des darauffolgenden Tages leuchtete der Name des Siegers an Asiens Himmel: Mao Tse-tung. ... Der Überwinder des Stalinismus war von seinen eigenen Landsleuten den gelben Erben Stalins geopfert worden. ... Mao schrieb, ... Chruschtschow betreibe ›Pseudokommunismus‹, fördere die Restauration des Kapitalismus in der Sowjet-Union und halte sich nur durch permanente Säuberungen an der Macht. ... Immer mehr geriet Maos Gegner Chruschtschow in der eigenen Partei und in der eigenen Armee in die Isolierung. ... Und das Trommelfeuer aus Peking dauerte an. ... Von seinen eigenen Genossen

---

[247] Stenogramm des Plenums des ZK der KPdSU vom 14. Oktober 1964, in: Michail Prozumenščikov, »Der Rücktritt Nikita Chruščevs im Oktober 1964«. Unbekannte Dokumente aus dem Russischen Staatsarchiv für neuere Geschichte (RGANI)«, JHK 2004, Jahrbuch für Historische Kommunismusforschung, S. 295

*und den Bruderparteien im Ausland verlassen – nur elf der 25
Angesprochenen hatten bis zur vergangenen Woche Chruschtschows Einladung zur Vorkonferenz im Dezember angenommen –, hatte der Herr des Kreml keine Chance mehr, als am
letzten Mittwoch das Zentralkomitee zur Geheimsitzung zu-
sammentrat. Er wurde gestürzt.«*[248]

Was sich damals ereignete, war eine **offene Krise des
internationalen modernen Revisionismus**, in die er wesentlich aufgrund seiner weltanschaulichen Unterlegenheit
gegenüber der wissenschaftlichen Polemik der Kommunistischen Partei Chinas und deren internationaler Ausstrahlung
geraten war. Letztlich waren es der **Marxismus-Leninismus
und die Mao-Zedong-Ideen**, die die modernen Revisionisten
um Chruschtschow in die Knie zwangen.

Die SED/KPD-Führung in Deutschland half sich zunächst
mit einem Versuch, die ganze Diskussion zu unterdrücken.
Das geht aus einem internen Protokoll der Arbeitstagung der
Zentralen Parteikontrollkommission (ZPKK) der SED vom
8. Juli 1964 hervor. Dort musste ihr langjähriger Vorsitzender Hermann Matern einräumen, dass eine Reihe Parteimitglieder der Verurteilung der chinesischen Führer durch die
3. ZK-Tagung der SED am 29./30. Juli nicht kritiklos folgten.
Beleidigt wetterte er gegen

*»Vorstellungen von Genossen, daß man eigentlich alles veröf-
fentlichen müßte, um objektiv zu sein. ... Wenn die Parteiführung sagt, so ist das, dann genügt das einigen nicht, sie wollen
das Chinesische auch noch haben. ... Wer jetzt sagt, er will
alles selber lesen, der sagt also, die Parteiführung sagt nicht
die Wahrheit – oder was sonst?«*[249]

---

[248] Der Spiegel 43/1964

[249] zitiert nach: Thomas Klein, »Für die Einheit und Reinheit der Partei. Die
innerparteilichen Kontrollorgane der SED in der Ära Ulbricht«. http://dx.doi.
org/10.14765/zzf.dok.1.1022

Der Chruschtschow-Nachfolger Breschnew sah sich gezwungen, sowohl verschiedene Angriffe auf das sozialistische China Mao Zedongs als auch die ungeheure Verleumdung Stalins zeitweise zurückzunehmen. Klaus Mehnert beurteilte das durchaus richtig,

»dass unmittelbar nach dem Sturz Chruschtschows schlagartig alle sowjetische Propaganda gegen China, alle Auseinandersetzungen verbaler Art – in der Presse, in Reden – aufhörten.« Und dass *»eine **Entteufelung Stalins in der Sowjetunion** vor sich geht ... dass sie mit dieser Verteufelung aufgehört hat und die Gewichte etwas zurechtrückt.«*[250]

Bei allen taktischen Zugeständnissen gaben Breschnew und die KPdSU den modernen Revisionismus keineswegs auf oder kehrten gar zu einer marxistisch-leninistischen Grundlage zurück. Stattdessen verfeinerten und erweiterten sie die revisionistische Ideologie.

Tschou Enlai, enger Verbündeter Mao Zedongs und damals Premierminister der Volksrepublik China, kam im November 1964 von einer Reise in die Sowjetunion zurück und berichtete:

»Die neuen Führer der KPdSU haben das Erbe Chruschtschows getreulich übernommen ... sie bleiben voll und ganz chruschtschowsche Revisionisten und setzen den chruschtschowschen Revisionismus fort, aber ohne Chruschtschow.«[251]

1969 warnte Breschnew die »kommunistische Weltbewegung« vor dem Einfluss der marxistisch-leninistischen Kritik am Revisionismus.

Der DKP-Vorstand in Deutschland nahm das als Auftrag und verbreitete im Juli 1970 eine »streng vertrauliche« Ana-

[250] Klaus Mehnert, »Der Konflikt Peking/Moskau und die Welt«, 4.2.1966, S. 2/3 – Hervorhebung Verf.

[251] Peking Rundschau, 47/1965, S. 11

lyse unter ihren führenden Funktionären. Dort hieß es unter der Überschrift »Einschätzung linksopportunistischer Gruppierungen in der Bundesrepublik« über die weltweite Wirkung der Auseinandersetzung:

»Das geht an unserem Land nicht spurlos vorüber. So haben die in deutscher Sprache in China hergestellten und in der Bundesrepublik massenhaft verteilten Schriften Mao Tse-tungs mit ihren Verleumdungen der kommunistischen Weltbewegung zur Verstärkung des Linksopportunismus beigetragen.«

Mit »*Verleumdungen der kommunistischen Weltbewegung*« war die prinzipielle Kritik am modernen Revisionismus gemeint. Nicht zu Unrecht wird Willi Dickhut in diesem Papier »*wohl als der profilierteste Arbeiterfunktionär*« in Deutschland bezeichnet, der auf der Grundlage der Mao-Zedong-Ideen den modernen Revisionismus kritisiert. Diese Beurteilung hatte bereits 1966 die Führung der damals noch illegalen revisionistischen KPD als Grund für den Ausschluss Willi und Luise Dickhuts aus der KPD genommen. In den 1970er-Jahren war für die DKP-Führung die Unterdrückung seiner Kritik erneut Anlass, gegen Willi Dickhut eine abscheuliche Verleumdungskampagne loszutreten.

Erneuerung des modernen Revisionismus durch Breschnew

Nach dem Sturz Chruschtschows führte die bürokratische Monopolbourgeoisie unter Breschnew und Kossygin das »Neue Ökonomische System« für die gesamte sowjetische Wirtschaft ein. Sie machten die kapitalistische Gewinnmaximierung endgültig zum treibenden Prinzip der Wirtschaft.

Die Anlehnung an Lenins Neue Ökonomische Politik war dabei besonders demagogisch. In Wirklichkeit stand sie konträr zu Lenins Plan und zum Programm der Kommunistischen Partei Russlands von 1921. Mitte der 1960er-Jahre war das

Land weder wirtschaftlich zerrüttet wie am Ende des Ersten Weltkriegs und des Bürgerkriegs noch war vorgesehen, dass die Diktatur des Proletariats die ökonomischen Zugeständnisse an die kapitalistische Produktionsweise strengstens kontrolliert. Das war für Lenin aber eine Grundvoraussetzung der Maßnahmen. In der Realität war es ein **Programm für die ökonomische Vervollkommnung der Restauration des Kapitalismus**! Der Finanzminister Garbusow erläuterte 1965 offenherzig:

»dabei wird der Index ›Gewinn‹ ... der hauptsächliche ökonomische Anreiz für jedes Kollektiv sein ... Aus dem Gewinn werden die materiellen Anreizfonds und die Fonds zur Entwicklung der Produktion gebildet ... Sie werden die Hauptquelle für die Prämierung der Arbeiter, der ingenieur-technischen Mitarbeiter und der Angestellten ... bilden.«[252]

Bereits im September 1964 berichteten die sowjetischen Marxisten-Leninisten um die Romanenkos über die Folgen des »Neuen Ökonomischen Systems«:

»Die Kluft zwischen den Löhnen des Durchschnittsarbeiters und den großen Spezialisten und Parteifunktionären wird von Tag zu Tag größer ... Schon jetzt stehlen die dienende Bürokratie und sogar die Organe der sogenannten parteistaatlichen Kontrolle den Produzenten das Überschussprodukt«.[253]

Sowohl die bürokratischen Monopolkapitalisten wie auch die westlichen Monopole versuchen, die Arbeiter mit dem »materiellen Anreiz« zu ködern. Sie orientieren auf den individuellen Aufstieg, fördern das Konkurrenzdenken, um von der tatsächlich bezweckten Steigerung des Maximalprofits für die

---

[252] Ekonomitscheskaja Gaseta 41/1965, in: »Die Restauration des Kapitalismus in der Sowjetunion«, S. 119/120

[253] Programmentwurf der »Revolutionären Partei der Arbeiter und Bauern der Kommunisten«, 1964

neue oder alte Monopolbourgeoisie abzulenken. Gleichzeitig entwickeln sich für einen Teil der Arbeiterklasse Möglichkeiten einer kleinbürgerlichen Lebensweise. Das stärkte zeitweilig eine **kleinbürgerlich-revisionistische Denkweise** in der Arbeiterklasse in den bürokratisch-kapitalistischen Ländern, die das sozialistische Bewusstsein zersetzte.

Die **Herausbildung des sozialimperialistischen Charakters der Sowjetunion** entwickelte sich zu einem weiteren wesentlichen Merkmal von Breschnews Variante des modernen Revisionismus. Er verkündete in einer Rede auf dem Parteitag der Polnischen Vereinigten Arbeiterpartei am 12. November 1968 in Warschau, was später zur **»Breschnew-Doktrin über die begrenzte Souveränität sozialistischer Länder«** wurde:

»Sozialistische Länder sind für strenge Beachtung der Souveränität aller Länder. ... Aber ... es ist wohl bekannt, Genossen, daß es gemeinsame Naturgesetze des sozialistischen Aufbaus gibt, und Abweichungen von ihnen könnten zur Abweichung vom Sozialismus überhaupt führen. Und wenn ... in einem gegebenen Land eine Bedrohung entsteht für die Sache des Sozialismus in jenem Lande, eine Bedrohung der Sicherheit der sozialistischen Gemeinschaft als eines Ganzen, so ist das kein Problem mehr bloß für das Volk jenes Landes, sondern ein gemeinsames Problem, die Sache aller sozialistischen Länder.«[254]

Welch skurrile Argumentation! Ausgerechnet die modernen Revisionisten begründen ihren sozialimperialistischen Kurs mit dem angeblichen Kampf gegen die Gefahren der Restauration des Kapitalismus. Die Widersprüche in verschiedenen bürokratisch-kapitalistischen Ländern, die Breschnew anspricht, beziehen sich nicht auf die Verteidigung des So-

---

[254] zitiert nach Willi Dickhut, »Die Restauration des Kapitalismus in der Sowjetunion«, S. 251

zialismus, sondern auf den Konkurrenzkampf zwischen der bürokratisch-kapitalistischen Vorherrschaft der Sowjetunion und dem westlichen Imperialismus, der versuchte, Einfluss auf diese Länder zu nehmen. Zudem mehrten sich berechtigte Kritiken aus Ländern des Rats für Gegenseitige Wirtschaftshilfe an ihrer wachsenden wirtschaftlichen und politischen Abhängigkeit von der Sowjetunion. Breschnew versuchte, diese Kritiken zu ersticken, indem er demagogisch die »*Sicherheit der ganzen sozialistischen Gemeinschaft*« beschwor. Er strebte danach, den imperialistischen Vormachtanspruch der Sowjetunion über die RGW-Länder zu zementieren.

Die Breschnew-Doktrin rechtfertigte letztlich den Überfall auf die ČSSR 1968 und weitere militärische Aggressionen der Sowjetunion. Höhepunkt war der Überfall auf Afghanistan 1979. Die sozialimperialistische Supermacht UdSSR wurde Hauptrivalin der Supermacht USA, was fortan die gigantische atomare Aufrüstung im »Kalten Krieg« prägte. In den folgenden Jahren offenbarte diese Entwicklung den sozialimperialistischen Charakter der Sowjetunion vor den Augen der ganzen Welt – sozialistisch in Worten, imperialistisch in der Tat.

Gorbatschows »Glasnost« und »Perestroika«

Nach dem Tod Breschnews und seiner Nachfolger Andropow und Tschernenko Mitte der 1980er-Jahre stürzte der moderne Revisionismus erneut in eine offene Krise. Michail **Gorbatschow** wurde 1985 neuer Generalsekretär der KPdSU. Mit ihm begann die als »**Glasnost**« und »**Perestroika**« bezeichnete Reformpolitik. Nach der Wortbedeutung steht *Glasnost* für »Offenheit und Transparenz« und *Perestroika* für »Umwandlung«. Offenheit wofür und Umwandlung wovon und wohin? Willi Dickhut qualifiziert den Kurs Gorbatschows so:

»*Dieser dient einerseits der Bekämpfung der schlimmsten Auswüchse des bürokratischen Kapitalismus in der Sowjet-*

*union wie Korruption, Schlendrian, Betrug usw., andererseits
der Annäherung an den ›demokratischen‹ Westen, um den
wirtschaftlichen Nachtrab der Sowjetunion im kapitalistischen
Konkurrenzkampf in etwa aufzuholen. Es ist ein Betrugsma-
növer gegenüber den Werktätigen der Sowjetunion und der
internationalen Arbeiterklasse.«*[255]

Perestroika und Glasnost stehen weltanschaulich für die
Annäherung des modernen Revisionismus an den Sozialde-
mokratismus westlicher Prägung. Gorbatschow erklärte, sein
»Neues Denken« sei eine wahre »philosophische Revolution«.

Grundsätzlich enthielt sie jedoch überhaupt nichts Neues,
sondern nur altbekannte Variationen der bürgerlichen Ideologie! In seinem **»Perestroika-Manifest«** forderte Gorbatschow von seinen westlichen Partnern die Überwindung
»ideologischer Intoleranz«:

*»Politische Positionen sollten ... frei sein von ideologischer
Intoleranz. Ideologische Unterschiede sollten nicht auf die
Ebene zwischenstaatlicher Beziehungen getragen werden, und
ebensowenig sollte die Außenpolitik ihnen untergeordnet werden, denn Ideologien können durch Welten getrennt sein, wo-
gegen Überlebensinteresse und Verhinderung eines Krieges von
universaler Bedeutung sind und an oberster Stelle stehen.«*[256]

Die Kritik Gorbatschows an der *»ideologischen Intoleranz«*
war wesensgleich mit der Ideologie von der »Ideologiefreiheit«,
wie sie in den westlich-imperialistischen Ländern vertreten
wird.

Mit großer Kraft biederte sich Gorbatschow als Friedensstif-
ter an. Dabei waren das *»Überlebensinteresse«* von *»universaler Bedeutung«* und die neue »Einheitlichkeit«, die er predigte,
nichts anderes als die **ideologische Rechtfertigung der**

---

[255] »Die dialektische Einheit von Theorie und Praxis«, S. 183

[256] Michail Gorbatschow, »Perestroika, Die zweite russische Revolution«, S. 182

Öffnung des RGW-Blocks für den einheitlichen Weltmarkt. Die scheinbar ideologiefreie »Vernunft« als philosophische Leitlinie bedeutet die Schaffung und Durchsetzung einer neuen Variante der bürgerlichen Ideologie.

Gorbatschows Buch mit dem Titel »Perestroika, Die zweite russische Revolution« erinnert auf zahlreichen Seiten an die altbekannte Heuchelei westlicher Politiker. Es entstand auf Bitten des US-amerikanischen Verlags Harper & Row, der in demselben Jahr von News Corporation Limited übernommen wurde, Rupert Murdochs führendem Medienmonopol. Später berichtete der Vizechef von Harper & Row, Michael Bessie, der Verlag habe Gorbatschow die Auflage gemacht: *»Vor allem keine Propaganda!«* Die meisten der vom Verlag vorgenommenen Änderungen habe Gorbatschow dann gern übernommen. Die Imperialisten im Westen huldigten Gorbatschows Ideen. 1990 bekam er den Friedensnobelpreis und 2011 konnte er den Franz-Josef-Strauß-Preis entgegennehmen.

»Perestroika« und »Glasnost« werten den modernen Antikommunismus umfassend auf. Der Zerfall der Sowjetunion 1990/91 wurde als »Beweis« des Scheiterns des Sozialismus ausgegeben und nicht als Folge der Restauration des Kapitalismus seit 1956. Eine Welle offener Angriffe auf Stalin und später auch auf Lenin, ein übles Gemisch westlich-imperialistischer, bürokratisch-kapitalistischer und trotzkistischer Hetze schwappte in Büchern, Filmen, Artikeln und sogenannten historischen Untersuchungen über das Land. Alle westlichen Medien griffen die antikommunistischen Verleumdungen begierig auf und befeuerten sie wiederum.

Aus bürgerlicher Sicht analysiert der Historiker Guido Pauling diesen Prozess durchaus treffend. Er berichtet, dass Gorbatschow nun

»die Beschlüsse des 20. Parteitages von 1956 zum sogenannten ›Personenkult‹, die in den vergangenen 20 Jahren eher

verschwiegen oder heruntergespielt worden waren, als Grund-
lage der aktuellen Parteiposition bezeichnete. ... Die Totali-
tarismus-These westlicher Provenienz tauchte nun ebenso in
sowjetischen Kommentaren auf wie Lew Trotzkis Theorie über
die Machtergreifung der Bürokratie in den zwanziger Jahren
.... Allerdings wurde Trotzki nicht offen zitiert«.[257]

Pauling berichtet ferner von »*Publizisten, denen das Scho-*
ckieren des Publikums mit immer höheren Millionenzahlen bei
der Frage nach den Opfern Stalinscher Repression ein größeres
Anliegen zu sein schien als die Klärung dieser Problematik. ...

Gorbatschow (schreckte) *nicht einmal vor einer Demontage*
Lenins zurück, indem er den ›*Reformer Lenin*‹ *von dem* ›*Re-*
volutionär Lenin‹ *trennte, um den Ersteren gegenüber dem*
Letzteren klar hervorzuheben. ... Die vielfach beschworene
›*Rückkehr zu Lenin*‹ *führte in Wirklichkeit von dem verehrten*
Staatsgründer weg.«[258]

Die führenden Politiker in Ost und West träumten damals
von einem endgültigen Sieg des modernen Antikommunismus, sie hofften, den Sozialismus nun endlich ein für alle Mal
weltweit zu beerdigen. Die neuen Herrscher Russlands, die
ultrareaktionären Oligarchen, verfolgten »nebenbei« das Ziel,
ihre Macht über die noch nicht antikommunistisch verführten
Massen zu sichern.

Die »Perestroika« geriet bereits nach wenigen Jahren in die
Krise, weil das Versprechen, die Probleme mit der »Versöhnung der Systeme« zu lösen, natürlich nicht aufgehen konnte.
Die Wirtschaft der Sowjetunion brach stark ein. Die Steigerung der Ausbeutung der Arbeiterklasse und ihrer Rechtlosig-

---

[257] »Gorbatschow und die Aufarbeitung der Vergangenheit«, in: Fundus – Fo-
rum für Geschichte und ihre Quellen, 1999, S. 85 ff.

[258] ebenda

keit führte zur erheblichen Verschärfung des Klassenkampfs in der bürokratisch-kapitalistischen Sowjetunion.

1989 und 1991 lösten selbständige Streiks der Bergleute die offene Krise der Politik Gorbatschows aus. 1989 standen an jedem Tag durchschnittlich 30 000 sowjetische Arbeiter im Streik. In den monatelangen Streiks stellten 200 000 Bergleute ein **allseitiges ökonomisches und politisches Kampfprogramm** mit 41 Forderungen auf. Sie forderten die Abschaffung der Privilegien der Bürokraten und den Rücktritt Gorbatschows. Viele Forderungen zeichnen ein Bild der damaligen sozialen Lage der Arbeiterklasse: 800 Gramm Seife im Monat, wattierte Jacken für den Winter, Fleisch für alle und mehr Sicherheit unter Tage. Außerdem gab es Forderungen, den Tagebau und damit den Raubbau an der Natur zu beenden, das Gesundheitssystem auszubauen und billigen Wohnraum zu schaffen. Auch einen neuen Verfassungsentwurf forderten die Bergleute sowie den Rücktritt örtlicher Funktionäre und mehr Selbständigkeit der Betriebe von der Moskauer Zentrale. In der Roten Fahne 18/1991 hieß es:

»In der westlichen Presse wird häufig der Eindruck erweckt, mit den politischen Forderungen der Bergarbeiter nach einem Rücktritt Gorbatschows verbinde sich eine Unterstützung des Demagogen Boris Jelzin. Gegenüber dem ›Spiegel‹ meint dagegen ein Streikführer: ›Darum geht es nicht, das System muß weg, die ganze Last muß von unseren Schultern‹.«[259]

Die Forderungen der streikenden Arbeiter zielten auf eine Wiederherstellung sozialistischer Prinzipien. Es war allerdings eine Illusion, dies allein durch Streiks erreichen zu wollen. Seit dem XX. Parteitag der KPdSU 1956 war eine neue sozialistische Revolution notwendig, musste die Arbeiterklasse

---

[259] Rote Fahne 18/1991, S. 2

unter Führung einer revolutionären Partei die Herrschaft der bürokratischen Monopolkapitalisten stürzen. Darüber waren sich die kämpfenden Bergleute noch nicht bewusst.

Die Entwicklung führte jedoch zu einer **Verschärfung der Widersprüche innerhalb der KPdSU.** Gorbatschow hatte darauf gesetzt, die Sowjetunion und die KPdSU als Machtzentrum erhalten zu können. Andere Kräfte unter Führung Jelzins wollten einen »harten Bruch« und eine noch schnellere und konsequentere Öffnung für wirtschaftliche Zusammenarbeit mit den westlichen Imperialisten. Im August 1991 versuchten Kräfte der sowjetischen Führung, die am alten bürokratisch-kapitalistischen System festhalten wollten, einen Putsch, der aber schon nach wenigen Tagen scheiterte – wesentlich an den Kämpfen der Bergarbeiter. Jelzin gelang es, sich an die Spitze des Kampfs gegen den Putsch zu stellen. Er konnte gleichzeitig Gorbatschow entmachten, der 1991 zurücktreten musste. Die Sowjetunion zerfiel in ihre einzelnen Republiken.

Die Jahrzehnte des modernen Revisionismus in der Sowjetunion bewirkten eine tiefe weltanschauliche Verunsicherung unter fortschrittlichen Menschen auf der ganzen Welt. Eine jahrzehntelange Zersplitterung der internationalen marxistisch-leninistischen und Arbeiterbewegung war nicht aufzuhalten. Nach dem XX. Parteitag der KPdSU 1956 folgten die meisten kommunistischen Parteien und die meisten sozialistischen Länder mehr oder weniger freiwillig dieser **Abart der bürgerlichen Ideologie.** Auch die Volksrepubliken China und Albanien, die sich jahrzehntelang dem modernen Revisionismus widersetzt hatten, verloren nach 1976, nach dem Tod Mao Zedongs, ihren sozialistischen Charakter, auch in diesen Ländern setzte eine Restauration des Kapitalismus ein.

Das Buch »Morgenröte der internationalen sozialistischen Revolution« verdeutlicht die Dialektik zwischen offenem

Bankrott des modernen Revisionismus, seiner Verarbeitung und dem neuen Aufschwung des Kampfs um den Sozialismus:

> *»Mit dem Sieg des modernen Revisionismus in der Sowjet-*
> *union und später in der Volksrepublik China wurde die revi-*
> *sionistische Ideologie über Jahrzehnte zu einem Bestandteil*
> *der bürgerlichen Ideologie im Kampf gegen den wissenschaft-*
> *lichen Sozialismus und die revolutionäre Arbeiterbewegung.*
> *Ohne das zu begreifen, bleibt die dann Jahrzehnte währende*
> *strategische Defensive der Arbeiterklasse unerklärlich. ... Der*
> *offene Bankrott des modernen Revisionismus war notwendig,*
> *um den Weg frei zu machen für einen neuen Aufschwung im*
> *Kampf um den Sozialismus. Die Zeit, in der die Verteidigung*
> *des Marxismus-Leninismus und der Maotsetungideen gegen*
> *den modernen Revisionismus im Vordergrund stand, ist vor-*
> *über.«*[260]

Der moderne Revisionismus wirkt jedoch bis heute als **antikommunistischer Damm gegen den wissenschaftlichen Sozialismus**. Die **Gefahr des Revisionismus** ist eine **Gesetzmäßigkeit**, die in der Arbeiterbewegung immer beachtet und gebannt werden muss. Ohne systematischen weltanschaulichen Kampf gegen den Revisionismus wird es keinen Sieg der proletarischen Revolution, keine Entwicklung vom Sozialismus zum Kommunismus geben und wird jede revolutionäre Bewegung im Sumpf des Opportunismus landen beziehungsweise der Sozialismus letztlich wieder in einer Restauration des Kapitalismus enden.

---

[260] Stefan Engel, »Morgenröte der internationalen sozialistischen Revolution«, S. 132

6. Die proletarische Ideologie im Aufbau des Sozialismus

Der Sozialismus ist eine **Übergangsgesellschaft vom Kapitalismus zum Kommunismus**. Natürlich kann der Aufbau des Sozialismus nicht unmittelbar auf der Basis eines gesellschaftlich vorherrschenden sozialistischen oder gar **kommunistischen Bewusstseins** stattfinden. Zunächst muss die alte kapitalistische Ausbeuterordnung revolutionär niedergerungen und durch eine sozialistische Produktionsweise und Gesellschaftsordnung ersetzt werden.

Doch der Klassenkampf zwischen Proletariat und Bourgeoisie bleibt noch lange bestehen. Er nimmt nach einer Phase der hauptsächlich politischen Entmachtung der kapitalistischen Klasse und der Errichtung und Festigung der Diktatur des Proletariats mehr und mehr die hauptsächliche Form des Kampfs zwischen proletarischer und bürgerlicher Ideologie an.

Es wäre blanker Idealismus anzunehmen, dass der Einfluss von Jahrtausenden der Ausbeuterherrschaft auf das Denken, Fühlen und Handeln der werktätigen Massen schlagartig verschwinden könnte. Als materielle Grundlage dieses Einflusses wirken Reste der Warenproduktion weiter sowie die Trennung von Hand- und Kopfarbeit, von Stadt und Land, die erst nach und nach überwunden werden können. Ebenso wenig verschwinden Erscheinungsformen der kleinbürgerlichen Denkweise wie Egoismus, Karrierismus oder Individualismus von heute auf morgen. Auch die Lebensverhältnisse, die sozialen und Familienbeziehungen werden noch lange Zeit von der Einzelfamilie als Wirtschaftseinheit und noch länger von bürgerlichen oder kleinbürgerlichen, in manchen Ländern sogar feudalen Moralvorstellungen geprägt sein. Diese lassen sich nicht per Dekret aus der Welt schaffen. *»Die Tradition ist eine* *große hemmende Kraft, sie ist die Trägheitskraft der Geschichte.«*[261] Nicht zuletzt verbleibt in sozialistischen Gesellschaften noch – je nach den weltpolitischen Kräfteverhältnissen – mehr oder weniger lange die massive Infiltration kapitalistischer Länder zur gezielten Destabilisierung von Wirtschaft und Staat und zur Zersetzung des sozialistischen Bewusstseins der Massen.

Den antikommunistischen, meist sehr überheblichen Kritikern des Sozialismus sei ins Stammbuch geschrieben: Die Probleme, die im Sozialismus auftreten, gehen vor allem auf solche »Muttermale« zurück, auf Überreste der kapitalistischen Gesellschaft und keineswegs auf die Prinzipien des Sozialismus! Im Programm der MLPD heißt es:

»Auch wenn nach dem Sieg der sozialistischen Weltrevolution und dem erfolgreichen Aufbau der vereinigten sozialistischen Staaten der Welt der Übergang zum Kommunismus erfolgt, bleibt die Diktatur des Proletariats vorerst auf bestimmte Art und Weise bestehen. Ihre Hauptaufgabe besteht dann in der allmählichen Aufhebung der Klassen überhaupt.«[262]

Der Aufbau des Sozialismus kann **nur auf der Grundlage der proletarischen Ideologie** beziehungsweise **der proletarischen Denkweise erfolgreich** gemeistert werden!

Die bewusste Förderung des sozialistischen Bewusstseins

Die bewusste **Förderung des sozialistischen Bewusstseins** als entscheidende **Triebkraft** für den Aufbau einer befreiten Gesellschaft ist eine der wichtigsten Führungsaufgaben der Kommunistischen Partei und eine ausschlaggebende Weichenstellung beim Aufbau des Sozialismus.

---

[261] Marx/Engels, Werke, Bd. 19, S. 543

[262] S. 65

Mitten in der Brutalität des konterrevolutionären Interventions- und Bürgerkriegs gegen die sozialistische Sowjetmacht beschlossen am 7. Mai 1919 kommunistische und klassenbewusste Arbeiter, Angestellte und Jugendliche Subbotniks durchzuführen, freiwillige unbezahlte Samstagsarbeit, um die katastrophale wirtschaftliche Lage zu verbessern, Industrie und Verkehrswesen zu reparieren, den grassierenden Hunger und das Fehlen von Brennholz zu bewältigen. Lenin maß dieser freiwilligen Initiative herausragende Bedeutung bei:

*»Die kommunistischen Subbotniks sind außerordentlich wertvoll als **faktischer** Beginn des **Kommunismus** ... Der Kommunismus beginnt dort, wo **einfache Arbeiter** in selbstloser Weise, harte Arbeit bewältigend, sich Sorgen machen um die Erhöhung der Arbeitsproduktivität, um den Schutz **eines jeden Puds Getreide, Kohle, Eisen** und anderer Produkte, die nicht den Arbeitenden persönlich und nicht den ihnen ›Nahestehenden‹ zugute kommen, sondern ›Fernstehenden‹, d.h. der ganzen Gesellschaft in ihrer Gesamtheit, den Dutzenden und Hunderten Millionen von Menschen«.*[263]

Das Verteilungsprinzip im Sozialismus

Dem sozialistischen Verteilungsprinzip »Jeder nach seinen Fähigkeiten, jedem nach seiner Leistung« kommt eine besondere Bedeutung für die Hebung des sozialistischen Bewusstseins zu. Das sozialistische Prinzip ist fortschrittlich gegenüber der Verteilung im Kapitalismus. Dort beruht die Verteilung auf der Ausbeutung der Ware Arbeitskraft, auch wenn die bürgerlichen Ideologen und Politiker irreführend behaupten, der Kapitalismus sei eine »Leistungsgesellschaft«.

---

[263] »Die große Initiative«, Lenin, Werke, Bd. 29, S. 417

Allerdings wirken auch im Sozialismus, wenn die Ausbeutung der Lohnarbeit überwunden ist, noch Merkmale des bürgerlichen Rechts. Es gilt gleiches Recht, derselbe Maßstab der Arbeitsergebnisse für alle Werktätigen, die jedoch individuell unterschiedliche Voraussetzungen mitbringen. Zwar wird die sozialistische Gesellschaft helfen, unterschiedliche Bedingungen wie etwa Krankheit, Bildung oder Anzahl der Familienmitglieder auszugleichen, soweit es geht. Dennoch werden Reste des bürgerlichen Rechts bis in die kommunistische Gesellschaft hinein weiterwirken.

Damit besteht eine materielle Grundlage für die proletarische Denkweise, aber auch noch – wenn auch in geringerem Maß – für die kleinbürgerliche Denkweise. Die revolutionäre Umwälzung der ökonomischen Basis ist die materielle Voraussetzung, um in der Gesellschaft das notwendige kommunistische Bewusstsein für das Verteilungsprinzip »Jeder nach seinen Fähigkeiten, jedem nach seinen Bedürfnissen« herauszubilden. Nur ein weltanschaulicher Kampf und ein Sieg der proletarischen Denkweise, der die gesamte Gesellschaft erfasst, kann das Gelingen dieser Umwälzung zur klassenlosen Gesellschaft des Kommunismus garantieren.

Produktion für den gesamtgesellschaftlichen Fortschritt

In »Ökonomische Probleme des Sozialismus in der UdSSR« legte Stalin 1952 die Leitlinie der »höheren Form der sicheren und ständigen Rentabilität« der gesamten sozialistischen Volkswirtschaft dar. Er warnte zugleich davor, das Prinzip der Rentabilität der Produktion unter einer richtigen Zielsetzung aufzugeben:

»Wenn man die Rentabilität nicht vom Standpunkt einzelner Betriebe oder Produktionszweige betrachtet und nicht den Maßstab eines Jahres anlegt, sondern sie vom Standpunkt der

*gesamten Volkswirtschaft betrachtet und den Maßstab von
etwa 10 bis 15 Jahren anlegt.*«[264]

Er attackierte die bürgerliche Auffassung, die Rentabilität und Gewinnträchtigkeit des Einzelbetriebs und den Betriebsegoismus, also daran gebundene Prämien und andere materielle Anreize, zur Triebkraft der Produktionssteigerung zu machen.

Im Widerspruch dazu forderte 1964 ein programmatischer Artikel der revisionistischen Prawda:

»Die Methoden des sozialistischen Wirtschaftens und Planens« müssten *»die ökonomischen Hebel und Methoden des Wirtschaftens gut auszunützen: Rentabilität, Preise, Kredit und Profit«.*[265]

Wenn Gewinnstreben und Profit die Basis der Wirtschaft ist, dann ist das eine kapitalistische Produktionsweise. Willi Dickhut verteidigt in seinem Buch »Die Restauration des Kapitalismus in der Sowjetunion« die marxistisch-leninistische Position Stalins:

»Im Sozialismus soll jeder Betrieb so weit wie möglich rentabel (gewinnträchtig) arbeiten. Das Rentabilitätsprinzip darf aber auf keinen Fall die treibende Kraft der Wirtschaft sein. Der Gewinn jedes einzelnen Betriebes muß sich einer ›höheren Form einer stabilen und ständigen Rentabilität‹, muß sich dem Ziel der immer vollkommeneren Befriedigung der Bedürfnisse der gesamten Gesellschaft unterordnen.«[266]

---

[264] »Ökonomische Probleme des Sozialismus in der UdSSR«, Stalin, Werke, Bd. 15. S. 315

[265] H.F. Achminow, »Breschnew und Kossygin – Die neuen Männer im Kreml?«, S. 82

[266] Willi Dickhut, »Die Restauration des Kapitalismus in der Sowjetunion«, S. 97

In der sozialistischen Wirtschaft kommt es darauf an, Arbeitsproduktivität und Wirtschaftsleistung und die Einheit von Mensch und Natur zu steigern, indem das sozialistische Bewusstsein der Arbeiterklasse und der breiten Massen zum führenden Faktor wird. Die »Rentabilität« verändert und reduziert sich deshalb im Sozialismus zunehmend auf eine rechnerische Größe, mit der die Produktivität im gesamtgesellschaftlichen Interesse zu kontrollieren und weiterzuentwickeln ist.

So kann es ökonomisch zunächst unrentabel sein, umweltschützende Maßnahmen zu ergreifen und auf gewinnträchtigere Produktionsweisen zu verzichten. Dennoch ist Umweltschutz richtig, um Schaden von Mensch und Natur oder der Bevölkerung anderer Länder abzuwenden. Im Sozialismus stehen Mensch und Natur und nicht der Profit im Mittelpunkt.

Die Führung der Staatsangelegenheiten und der Kampf gegen den Bürokratismus

Der Aufbau des Sozialismus kann nur das Werk der Massen unter Führung der Arbeiterklasse und ihrer Partei sein. Eine Schlüsselfrage des sozialistischen Aufbaus ist **die Entfaltung und ständige Erweiterung der Initiative der Volksmassen** zur Stärkung der Diktatur des Proletariats im Kampf gegen den Bürokratismus. So lernen die Mitglieder der sozialistischen Gesellschaft, die Geschicke ihres Landes zu führen, kleinbürgerlichen Egoismus und Gepflogenheiten des kapitalistischen Systems zu überwinden. Die Mitglieder der Staatsorgane in sozialistischen Ländern unterscheiden sich grundlegend von bürgerlichen Parlamentariern.

*»1. nicht nur Wählbarkeit, sondern auch jederzeitige Absetzbarkeit; 2. eine den Arbeiterlohn nicht übersteigende Bezahlung; 3. sofortiger Übergang dazu, daß **alle** die Funktionen*

*der Kontrolle und Aufsicht verrichten, daß **alle** eine Zeitlang
zu ›Bürokraten‹ werden, so daß daher **niemand** zum ›Bürokraten‹ werden kann.«*[267]

Die praktische Ausübung der Diktatur des Proletariats
organisiert den Kampf gegen den Bürokratismus in Einheit
mit der **Hebung des sozialistischen Bewusstseins der
Massen**. Das zielt darauf ab, dass die Massen unter Führung
der Partei und der Arbeiterklasse selbst die Produktion und
die Staatsgeschäfte führen und den Einfluss der bürgerlichen
Ideologie überwinden. Je höher das sozialistische Bewusstsein und die Fähigkeiten zur Führung der Staatsgeschäfte
entwickelt sind, desto konsequenter gelingt die **Kontrolle
der Denkweise der Funktionäre im Partei-, Staats- und
Wirtschaftsapparat** und die Unterdrückung aller Bestrebungen zur Restauration des Kapitalismus, desto breiter und
allseitiger verwirklichen die Massen die proletarische Demokratie.

Die Große Proletarische Kulturrevolution in der Volksrepublik China

1966 stand die Entwicklung in der Volksrepublik China vor
einer ähnlich großen Gefahr wie die Sowjetunion nach Stalins
Tod. Mitten in der Parteiführung hatten sich moderne Revisionisten entwickelt und sich in Partei, Wirtschaft und Staat
eine nicht unerhebliche Zahl kleinbürgerlicher Bürokraten zu
Gefolgsleuten gemacht. Ihre Wortführer waren der stellvertretende Parteivorsitzende Liu Shaoqi sowie Deng Xiaoping, der
Generalsekretär der Kommunistischen Partei Chinas. Unter
ihrer Regie war im September 1956 auf dem VIII. Parteitag
der Kommunistischen Partei Chinas der XX. Parteitag der
KPdSU begrüßt worden. Auf Vorschlag Dengs war aus dem

---

[267] Lenin, Werke, Bd. 25, S. 496

Parteistatut der Hinweis auf die Lehren Mao Zedongs gestrichen worden. Im Politischen Bericht an den VIII. Parteitag der Kommunistischen Partei Chinas behauptete Liu Shaoqi:

»Der entscheidende Kampf zwischen dem Sozialismus und dem Kapitalismus ist jetzt bereits beendet.«[268]

Damit sollte die Wachsamkeit gegen den Versuch der Machtergreifung einer neuen Bourgeoisie eingeschläfert werden. Aber die chinesischen Revolutionäre hatten den Kampf zweier Linien in der internationalen marxistisch-leninistischen und Arbeiterbewegung erlebt und auch die Restauration des Kapitalismus in der Sowjetunion. Und die Schriften Mao Zedongs hatten ihre revolutionäre Wachsamkeit geschärft.

Am 8. August 1966 fasste das Zentralkomitee der Kommunistischen Partei Chinas unter Leitung Mao Zedongs den Beschluss zur Entfaltung einer **Großen Proletarischen Kulturrevolution**. Ziel war die **Festigung und Höherentwicklung der allseitigen Diktatur des Proletariats** zur Verteidigung des Sozialismus gegen die Gefahr der Restauration des Kapitalismus. In dem Beschluss hieß es:

»Die Große Proletarische Kulturrevolution ... ist eine große Revolution, die die Seele der Menschen berührt ... Obwohl die Bourgeoisie gestürzt worden ist, versucht sie immer noch ... das Ziel der Restauration mit allen Kräften zu erreichen. Das Proletariat muß genau das Gegenteil tun: Es muß jeder Herausforderung der Bourgeoisie auf ideologischem Gebiet hartnäckig begegnen ... Gegenwärtig besteht unser Ziel darin, gegen den kapitalistischen Weg gehende Machthaber zu kämpfen und sie niederzuschlagen ... die Ideologie der Bourgeoisie und aller anderen Ausbeuterklassen zu kritisieren und zu verurteilen sowie die Erziehung, Literatur und Kunst und alle anderen

---

[268] Der VIII. Parteitag der KP Chinas, Dokumente, Bd. I, S. 40, zitiert in: »Die Maotsetung-Ideen sind lebendig«, S. 387

Teile des Überbaus, die nicht der sozialistischen Wirtschaftsbasis entsprechen, umzuformen, damit die Konsolidierung und Entwicklung des sozialistischen Systems gefördert werden.«[269]

Mao Zedong entwickelte mit der Großen Proletarischen Kulturrevolution den Marxismus-Leninismus in Theorie und Praxis weiter, womit er den Hass aller Imperialisten auf sich zog. Besonders aggressiv reagierten die bürokratischen Machthaber in der Sowjetunion, deren moderner Revisionismus ins Kreuzfeuer der weltanschaulichen Massenkritik rückte. Im Auftrag der KPdSU-Führung um Leonid Breschnew erschien 1970 das Buch »Kritik der theoretischen Auffassungen Mao Tse-tungs«. Dort heißt es:

»Die Maoisten, die sich darauf beziehen, daß im Sozialismus die Rolle des subjektiven Faktors unermeßlich wächst, stellen die objektiven gesellschaftlichen Gesetze der subjektiven Tätigkeit der Menschen metaphysisch gegenüber und trennen das eine vom anderen.«[270]

Die Kommunistische Partei Chinas betonte aber berechtigt das **sozialistische Bewusstsein als führenden Faktor**, damit entsprechend den *»objektiven gesellschaftlichen Gesetzen«* des Klassenkampfs im Sozialismus eine Entwicklung vorwärts zum Kommunismus und nicht zurück zum Kapitalismus stattfand.

Die revisionistischen Kritiker um Breschnew hoben den **Begriff des** »**Maoismus**« aus der Taufe, sie wollten damit den sozialistischen Weg der Volksrepublik China unter Mao Zedong in Widerspruch zum Marxismus-Leninismus stellen.

---

[269] Beschluss des Zentralkomitees der Kommunistischen Partei Chinas über die Große Proletarische Kulturrevolution, in: »Wichtige Dokumente der Großen Proletarischen Kulturrevolution«, S. 146–148

[270] Autorenkollektiv der Akademie der Wissenschaften der UdSSR, »Kritik der theoretischen Auffassungen Mao Tse-tungs«, S. 62

Das Buch der KPdSU-Führung war ein zweifelhafter Rettungsversuch für ihre revisionistischen Theorien. In Wahrheit vertrat sie den ökonomistischen Standpunkt, dass der Aufbau des Sozialismus ausschließlich das Ergebnis der wirtschaftlichen Entwicklung, vor allem der Steigerung der Produktion wäre, die egal mit welchen Mitteln gefördert werden müsste.

Die Große Proletarische Kulturrevolution wurde von Monopolvertretern und revisionistischen Führern gleichermaßen diffamiert:

»Die ›Kulturrevolution‹ erzeugte Spontaneität und Anarchie ... das mußte sich auf die Lage der chinesischen Volkswirtschaft auswirken.«[271]

Warum sollte es nach Ansicht der Feinde der Kulturrevolution der sozialistischen Wirtschaft abträglich sein, wenn kleinbürgerlichen Bürokraten das Handwerk gelegt wurde? Was sollte daran falsch sein, wenn das sozialistische Bewusstsein und das Verantwortungsgefühl der Massen für den sozialistischen Aufbau erhöht und revolutionäre Arbeiter, Frauen, Jugendliche in führende Funktionen gewählt wurden?

Allen Unkenrufen zum Trotz wurden gerade im Zeitraum der Großen Proletarischen Kulturrevolution große Produktionsfortschritte erreicht. So würdigte Ministerpräsident Tschou Enlai 1975 in seinem Rechenschaftsbericht auf dem Nationalen Volkskongress auch die Leistungen auf wirtschaftlichem Gebiet:

»In Chinas Landwirtschaft sind in 13 aufeinanderfolgenden Jahren reiche Ernten eingebracht worden. Im Jahre 1974 war der Gesamtwert der landwirtschaftlichen Produktion laut Schätzung um 51 Prozent höher als 1964. ... Der Gesamtwert der industriellen Produktion war 1974, laut Schätzung, um 190 Prozent höher als 1964. Bei den wichtigsten Erzeugnissen

---

[271] ebenda, S. 292/293

*ist die Produktionssteigerung in diesem Zeitraum sehr groß:
bei Stahl um 120 Prozent, bei Rohkohle um 91 Prozent, bei
Erdöl um 650 Prozent, bei elektrischem Strom um 200 Prozent«.*[272]

Es erfüllt geradezu den Tatbestand der Volksverhetzung,
wenn es in dem Buch der KPdSU-Führung heißt:

*»in der zweiten Hälfte des Jahres 1966 forderten Millionen
Opfer der ›Kampagne zur sozialistischen Erziehung‹ ihre Re-
habilitierung ... Die maoistische Ideologie ist eine Ideologie des
politischen Abenteurertums, der Demagogie, der Gewalt und
des Massenterrors.«*[273]

Die angeblichen *»Millionen Opfer«* sind frei erfunden und
nirgends nachgewiesen. Es kam zwar zu »linken« Abweichungen und Überspitzungen, die allerdings von Mao Zedong selbst
kritisiert und bekämpft wurden. Schon der Beschluss über
die Große Proletarische Kulturrevolution richtete die chinesischen Massen gegen Gewalt oder Terror aus.

*»Die in Diskussionen anzuwendende Methode ist ... die
Überzeugung. Es ist unzulässig, eine Minderheit, die anderer
Ansicht ist, mit Gewalt zum Nachgeben zu zwingen. Die Minderheit soll geschützt werden, denn manchmal liegt bei ihr die
Wahrheit. Auch wenn sie unrecht hat, soll ihr dennoch erlaubt
werden, in ihrer Sache zu sprechen und ihre Meinung zu behal-
ten. Wenn es eine Debatte gibt, soll sie durch Argumente und
nicht durch Zwang oder Gewalt geführt werden.«*[274]

Natürlich wurden eine Reihe von unverbesserlichen Funktionären in Partei, Wirtschaft und Staat abgesetzt, was in

---

[272] Joachim Schickel, »Im Schatten Mao Tsetungs – Chinas Nahe Geschichte«, S. 189

[273] Autorenkollektiv der Akademie der Wissenschaften der UdSSR, »Kritik
der theoretischen Auffassungen Mao Tse-tungs«, S. 201/202 und 206

[274] Wichtige Dokumente der Großen Proletarischen Kulturrevolution, S. 159

der Mehrheit der Fälle durchaus berechtigt war. Funktionäre wiederum, die sich selbstkritisch verhielten und auf den sozialistischen Weg zurückkehrten, wurden wieder in Positionen gewählt oder eingesetzt, in denen sie für den sozialistischen Aufbau wirken konnten.

Besonders beklagen die revisionistischen Autoren des Buchs:

»Zu Opfern der ehrgeizigen und verräterischen Politik Mao Tse-tungs wurden angesehene Funktionäre der KP Chinas, zum Beispiel ... Liu Schao-tji und Deng Xiaoping«.[275]

Tatsache ist, dass weder Liu Shaoqi noch Deng Xiaoping liquidiert oder »Opfer« von Gewalttaten wurden. Sie wurden völlig berechtigt abgesetzt, weil sie die führenden, unverbesserlichen, mit allen Machtmitteln agierenden Repräsentanten der Restauration des Kapitalismus waren. Nachträglich betrachtet war es sogar ein grundsätzlicher Fehler, dass Deng Xiaoping nicht aus der Kommunistischen Partei Chinas ausgeschlossen wurde, denn seine Selbstkritik erwies sich als bewusste Täuschung.

Enver Hoxha, der Vorsitzende der Partei der Arbeit Albaniens, vollzog 1978 einen Kurswechsel, als er begann, Mao Zedong feindselig zu attackieren. In seinem Buch »Imperialismus und Revolution« diffamierte er die Kulturrevolution:

»Der Verlauf der Ereignisse zeigte, daß die große proletarische Kulturrevolution weder eine Revolution, noch groß, noch kulturell und schon gar nicht proletarisch war.«[276]

Hoxhas Beurteilung übernahm die der modernen Revisionisten. Sie bedeutete eine weltanschauliche Weichenstellung, bereitete die Zerstörung des sozialistischen Aufbaus in Albanien und die Restauration des Kapitalismus vor.

---

[275] Autorenkollektiv der Akademie der Wissenschaften der UdSSR, »Kritik der theoretischen Auffassungen Mao Tse-tungs«, S. 250

[276] S. 454, zitiert nach: KABD, »China Aktuell 5«, S. 48

Die manipulative Methode der bürgerlichen Geschichts-schreibung in der Behandlung Mao Zedongs und der Kultur-revolution deckte Anton Stengl 2014 auf:

»Auffällig ist bei den neueren (Darstellungen) *die **Reduktion** der zeitgeschichtlichen Vorgänge in China auf ein einzelnes Stichwort: … Kulturrevolution = Chaos … Mit dieser Methode kann eine Diskussion zum Thema bereits abgeschlossen werden, bevor sie überhaupt angefangen hat: Man sucht sich ein bestimmtes, anscheinend erdrückend negatives Phänomen aus einer über Jahre hinweg laufenden, geschichtlichen Epoche heraus, reißt es aus seinem Kontext, indem man auf die Schilderung der Hintergründe und der eigentlichen Zielvorstellungen verzichtet … und erreicht dadurch, dass der gesamte Zeitraum – wie auch die gesamte Gesellschaftsordnung und das gesamte politische System – negativ besetzt sind.«*[277]

Marxisten-Leninisten und aufrichtige fortschrittliche Menschen in aller Welt verfolgten die Kulturrevolution und die Erfolge beim sozialistischen Aufbau in der Volksrepublik China als ein hoffnungsvolles und zukunftsträchtiges Projekt, als Beispiel des Kampfs um eine von Ausbeutung und Unterdrückung befreite Gesellschaft.

Zahlreiche Reise- und Erlebnisberichte auch bürgerlicher Kräfte über China seit 1966 bis in die 1970er-Jahre würdigten die erstaunlichen Fortschritte, darunter Werke von Rewi Alley, Gregorio Bermann, Charles Bettelheim, Giovanni Blumer, Claudie Broyelle, Jack Chen, Richard Correll, Elisabeth Croll, Joris Ivens, Gun Kessle, Peter Kuntze, Peter Mauger, Alberto Moravia, Jan Myrdal, Edgar Snow, Holger Strohm und anderen. Nur wer auf dem Standpunkt des modernen Revisionismus und der Verteidigung der Restauration des Kapitalismus

---

[277] Westliche Erzählungen von chinesischer Geschichte. »Der ›Große Sprung nach Vorn‹ und die Chinesische Kulturrevolution in der Perspektive der Sechziger/Siebzigerjahre und der Gegenwart«, S. 12

steht, kann sich der negativen Propaganda der modernen Revisionisten und Antikommunisten anschließen. Nicht zufällig sind die positiven Berichte über das China Mao Zedongs und die Kulturrevolution seit der Restauration des Kapitalismus in China in der zweiten Hälfte der 1970er-Jahre komplett aus den bürgerlichen Massenmedien wegzensiert und durch wüste Verleumdungen ersetzt worden. Das hat seine Wirkung auf die Massen nicht verfehlt. Die internationale marxistisch-leninistische und Arbeiterbewegung muss die Errungenschaften der Großen Proletarischen Kulturrevolution entschieden verteidigen und ihnen zu neuem Ansehen verhelfen.

Grundlinien der Großen Proletarischen Kulturrevolution

Die Große Proletarische Kulturrevolution setzte erneut die **proletarische Weltanschauung, den Marxismus-Leninismus und die Mao-Zedong-Ideen** als **Leitlinie des sozialistischen Aufbaus** im Kampf gegen die bürgerliche Ideologie durch. Im ganzen Land studierten Arbeiter und Bauern die Schriften von Marx, Engels, Lenin, Stalin und Mao Zedong und erörterten mithilfe der dialektischen Methode ihre bewusste Anwendung für die Arbeit in den Betrieben, der Landwirtschaft, dem Erziehungswesen, im gesamten gesellschaftlichen Leben.

Entgegen den antikommunistischen Märchen von marxistisch-leninistischen Dogmatikern waren es die Kulturrevolutionäre, die den Dogmatismus angriffen. Wie Liu Shaoqi seinen Revisionismus zu verstecken suchte, war 1967 in der Peking Rundschau zu lesen:

»Er behauptete unsinniges Zeug, wie z.B. daß ›jede wichtige prinzipielle Frage auf der Welt‹ von Marx, Engels, Lenin oder Stalin ›bereits gelöst worden ist‹.« Er leistete *»Widerstand gegen die Methode des lebensbezogenen Studiums und der*

*schöpferischen Anwendung der Werke des Vorsitzenden Mao
... durch die Massen ... er ergriff Verwaltungsmaßnahmen zur
Verfolgung derjenigen, die die Werke des Vorsitzenden Mao
aktiv studierten, und behinderte sogar die Veröffentlichung
dieser Werke.«*[278]

Auf die Massen vertrauen

In der Großen Proletarischen Kulturrevolution wurde die
Masse der Arbeiter und Bauern, der Frauen und der Jugend
zur Hauptkraft des sozialistischen Aufbaus. Es galt die Leitlinie,

*»daß der Schlüssel zur erfolgreichen Durchführung dieser
großen Kulturrevolution darin besteht, auf die Massen zu vertrauen, sich auf die Massen zu stützen, die Massen vollauf zu
mobilisieren und die Initiative der Massen zu respektieren.
Die Linie, aus den Massen kommen und unter die Massen gehen, muß daher unbeirrt befolgt werden. Man muß zuallererst
Schüler der Massen sein, ehe man ihr Lehrer wird.«*[279]

Es ist dagegen ein typisches Merkmal der modernen Revisionisten, Skepsis, Misstrauen und Feindseligkeit gegenüber
den Massen zu hegen. In der Kulturrevolution dagegen steigerten sich die weltanschauliche Massenauseinandersetzung
mit den Trägern der bürgerlichen Linie und die ideologisch-
politische Initiative der Volksmassen. Diese entscheidenden
Schlussfolgerungen zogen die chinesischen Revolutionäre aus
den Hauptfehlern, die in der sozialistischen Sowjetunion unter Leitung Stalins gemacht wurden. Die proletarische Demokratie entfaltete sich und die Diktatur des Proletariats wurde
gefestigt. Neue Machtorgane der Diktatur des Proletariats

---

[278] Peking-Rundschau, 5.9.1967, S. 16/17

[279] Kommuniqué der 11. Plenartagung des VIII. Zentralkomitees der Kommunistischen Partei Chinas, angenommen am 12. August 1966, in: »Wichtige
Dokumente der Kulturrevolution«, S. 183/184

entstanden, als gewählte Mitglieder der Partei, der Volksbefreiungsarmee und aus Massenorganisationen auf allen
Ebenen und in allen Bereichen der Gesellschaft Revolutions-
komitees bildeten.

Führende Rolle des sozialistischen Bewusstseins in der Produktion

Deng Xiaoping erklärte:

*»Unpolitisch und fachkundig nützt der Volksrepublik China.
... Das soll gefördert und gelobt werden.«*[280]

Was hier als »unpolitische Wirtschaftsförderung« daher-
kommt, bedeutet in Wirklichkeit die Restauration kapitalistischer Prinzipien: Die Industriearbeiter waren in vielen
Betrieben weitgehend aus der Leitung und Verwaltung aus-
geschaltet, die Betriebsführung blieb sogenannten »Experten«
übertragen. Auf landesweiten Versammlungen kritisierten
die Arbeiter Funktionäre, die eine Steigerung der Leistung
nur mit materiellem Anreiz erreichen wollten. Die Arbeiter
entwickelten neue Methoden für die Einstufung der Leistung,
kritisierten den »materiellen Anreiz« und schafften ihn Stück
für Stück ab. Jan Myrdal berichtet über eine Massendiskus-
sion zur Lohneinstufung, die 1974 in einer Arbeitsbrigade in
Liu Lin stattfand:

*»Diese Einstufung berücksichtigte nicht nur die körperliche
Kraft, sondern auch andere Faktoren wie Erfahrung, Spar-
samkeit im Umgang mit dem gemeinschaftlichen Eigentum
... Jeder ... sagte, was sein Tagewerk nach seiner Ansicht wert
sei ... Daraufhin diskutierte die Versammlung über diese Einschätzung und stellte fest, welche Tagewerksbewertung für das
betreffende Mitglied gelten sollte.«*[281]

---

[280] Peking Rundschau 16/1976, S. 20

[281] »China – Die Revolution geht weiter«, S. 65

Überwindung der Trennung von Stadt und Land sowie von Hand- und Kopfarbeit

Deng Xiaoping wollte Privilegien der Intellektuellen aufrechterhalten, sie über die Arbeiter und Bauern stellen und sie von der lästigen *»politischen Theorie«* des wissenschaftlichen Sozialismus »befreien«. Er gab 1978 offenherzig zu: *»Wir können nicht verlangen, daß Wissenschaftler und Techniker ... stapelweise Bücher über politische Theorie studieren, an zahlreichen gesellschaftlichen Aktivitäten teilnehmen und viele Treffen besuchen, die nichts mit ihrer Arbeit zu tun haben.«*[282]

Dagegen gingen in der Kulturrevolution Millionen Schüler, Studenten und junge Hochschulabsolventen aus den Großstädten aufs Land. Sie lernten das Leben der Bauern kennen, arbeiteten mit ihnen gemeinsam in der Landwirtschaft, halfen ihnen beim Studium des Marxismus-Leninismus, brachten ihre technischen und medizinischen Kenntnisse ein. Sie veränderten sich selbst durch die körperliche und kollektive Arbeit. Im ganzen Land erprobten und verwirklichten sie gemeinsam mit den Bauern neue Methoden der Bewässerung, Elektrifizierung, Düngung und industriellen Produktion. Indem sie so halfen, Quantität und Qualität der Nahrungsmittel und der medizinischen Versorgung zu erhöhen, leisteten sie zugleich wichtige Beiträge zur Überwindung der Trennung von Stadt und Land.

Jedem Industriearbeiter ist die Trennung von Hand- und Kopfarbeit, von wissenschaftlicher Forschung und Produktion sattsam bekannt. In der Kulturrevolution bildeten Arbeiter, Techniker und Kader der marxistisch-leninistischen Partei revolutionäre Dreierverbindungen. Gemeinsam studierten sie die Erfahrungen aus dem jeweiligen Produktionsbereich,

---

[282] Deng Xiaoping, Rede bei der Eröffnungsfeier der Nationalen Wissenschaftskonferenz, 18.3.1978

analysierten die Probleme und entwickelten Lösungen für den Fortschritt in Produktion, Wissenschaft und gesellschaftlichem Zusammenleben.

Rege **Zusammenarbeit zwischen Betrieben und Hochschulen** wurde bewusst gefördert. Der Autor Charles Bettelheim berichtete 1972:

»Wir treffen auch junge Arbeiter, die die künftigen Ingenieure unterrichten. ... Die Professoren sollen in den Universitäten gemeinsam mit ihren Studenten die Verbindung von praktischer und theoretischer Arbeit gewährleisten. Eine Ausbildung, die derart mit der Praxis verbunden ist, verliert allen trockenen und abstrakten Charakter.«[283]

Es verwundert nicht, dass sich bürgerliche Ideologen über diese schöpferische **Umerziehung von Intellektuellen zur proletarischen Denkweise** als angeblich »qualvollen Zwang« erregen. Aber was soll so schrecklich daran sein, wenn Kopfarbeit nicht höher eingeschätzt wird als praktische Produktionstätigkeit, wenn die akademische Berufsausbildung nicht höher bewertet wird als qualifizierte Berufsarbeit in den Produktionsanlagen und wenn akademisch ausgebildete Menschen nicht auf der Grundlage und mit dem Ziel von Privilegien arbeiten, sondern dem Volk dienen? Die Umerziehung Intellektueller ist keine »Selbstgeißelung«, sondern zielt auf die Verwirklichung der kommunistischen Freiheitsideologie, auf die Einsicht in die Notwendigkeit, alle seine Fähigkeiten in den Dienst der Zukunft der Menschheit zu stellen.

Befreiung der Frau

Eine wesentliche Aufgabe beim Übergang der sozialistischen in die kommunistische Gesellschaft ist, dass die bürgerliche Familienordnung, in der die Familie als kleinste Wirtschafts-

---

[283] Bettelheim, Macciocchi u. a. »China 1972«, S. 115

einheit gilt, aufgelöst wird. Erwerbsarbeit, Ernährung, Kindererziehung und Gesundheit gehen schrittweise in gesamtgesellschaftliche Verantwortung über.

In China verwirklichten Frauen und Männer systematisch Mao Zedongs Leitlinie: *»Die Frauen tragen auf ihren Schultern die Hälfte des Himmels und sie müssen sie erobern.«* Seit der Revolution erhöhten sich Stellung und Rechte der Frau bedeutend nicht nur in der Produktion, sondern auch politisch, kulturell und in der Familie. Darüber berichtete eine Textilarbeiterin 1972:

»In unserer Textilfabrik haben wir eine Klinik mit dreißig Betten, und außerdem Sanitätsstationen in den Werkhallen, in der Kinderkrippe, im Kindergarten und in den Wohnheimen. Das spart Zeit und ist für die Arbeiterinnen, ihre Kinder und die anderen Familienmitglieder sehr praktisch. Die ärztliche Behandlung ist für Arbeiter und Kader kostenlos. ... Seit wir Arbeiterinnen wirtschaftlich unabhängig sind, haben wir gleiche Rechte in Familienangelegenheiten – das gab es in der alten Gesellschaft nicht.«[284]

Brigaden von Frauen und Männern organisierten wohngebietsnah und kollektiv für alle die Versorgung mit Essen, frischer und gegebenenfalls ausgebesserter Wäsche oder die Kinderbetreuung. Noch wirkten aber auch die Jahrtausende alten Vorurteile weiter, dass »die Frau dem Mann unterlegen ist«. Liu Shaoqi entfachte

»eine intensive Propaganda für die ... Hausarbeit ... hier rühmte man die ›unersetzlichen‹ Qualitäten der Mutter zur Erziehung der Kinder; dort behauptete man ohne Umschweife, daß die Frauen zu nichts taugten, daß ihre intellektuellen Fähigkeiten nicht ausreichten, um einen Beruf zu erlernen«.[285]

---

[284] Elisabeth Croll, »Die Befreiung der Frau in China«, S. 96

[285] Claudie Broyelle, »Die Hälfte des Himmels«, S. 12

Die Kulturrevolution eröffnete überall in China eine Massenkritik an solchen rückschrittlichen Positionen. Die frühere Losung »Alles, was ein Mann kann, kann auch eine Frau« hatte bereits zu einer sprunghaften Ausweitung der gleichberechtigten Ausbildung und Berufstätigkeit von Frauen geführt. Die Losung der Kulturrevolution »Alles, was eine Frau kann, kann auch ein Mann« zielte dann vor allem auf die Überwindung traditioneller Moral- und Lebensvorstellungen. Die Bandbreite der Kritik reichte von der Verantwortung der Männer für Kindererziehung und Hausarbeit bis hin zu einer ausgeprägten Frauenförderung in führenden Funktionen von Partei, Wirtschaft und Staat.

Dem Volk dienen

Vor der Kulturrevolution beherrschten bürgerliche Intellektuelle die Schulen und Hochschulen. Die Vermittlung von Buchwissen, Auswendiglernen und ein unsinniges Notensystem förderten die kleinbürgerliche Denkweise und den Karrierismus unter der Jugend. Darüber entbrannte ein heftiger weltanschaulicher Kampf.

Die Kulturrevolution begann an den Schulen und Hochschulen und entfaltete eine revolutionäre Umwandlung des Erziehungs- und Bildungssystems im Interesse der Arbeiterklasse und des sozialistischen Aufbaus.

»In jeder Art Lehranstalt müssen wir die von Genossen Mao Tsetung aufgestellte Richtlinie, daß die Erziehung der proletarischen Politik dienen und die Erziehung mit produktiver Arbeit verbunden sein soll, restlos durchführen, damit jeder, der eine Ausbildung erhält, sich moralisch, geistig und körperlich entwickelt und ein gebildeter Werktätiger mit sozialistischem Bewußtsein wird.«[286]

---

[286] Punkt 10 des Beschlusses des ZKs der KP Chinas, 8.8.1966, S. 166/167

Die Losungen »Dem Volk dienen« und »Von den Arbeitern und Bauern lernen und sich mit ihnen verbinden« wurden zum Maßstab der Massenkritik in den Schulen und Hochschulen, sie wurden auf sämtliche Fächer angewendet. Schüler und Lehrer richteten Werkstätten oder kleine Fabriken ein, in denen Schüler zeitweise arbeiteten; die Leitung übernahmen Arbeiter aus benachbarten Fabriken. Nicht nur die Lehrer unterrichteten, sondern auch erfahrene Arbeiter. Sie waren überzeugt: Mit einer kritisch-selbstkritischen Einstellung kann jeder von jedem lernen. Auch um Inhalt und Methode des Lehrmaterials wurde der weltanschauliche Kampf entfaltet.

Umgestaltung von Literatur, Kunst und Kultur

Die Massenkritik in der Kulturrevolution förderte eine Kunst- und Literaturarbeit, die vom Leben und Kampf der Werktätigen ausging. Deng Xiaoping dagegen diffamierte die Darstellung des Klassenkampfs in Film und Theater als »einseitiges Denken«[287]. Darüber berichtet die Schrift »Kurzer Abriss des Kulturwesens in China«.

»Die Geschichte wird von den Volksmassen gemacht. Durch die Revolution in der Peking-Oper wurden die Kaiser, Könige, Generäle und Minister und die Gelehrten und Schönheiten, die lange Zeit hindurch die Bühne beherrscht hatten, aus dem Theater getrieben. Den Heldengestalten der Arbeiter, Bauern und Soldaten gehört die Bühne.«[288]

Traditionelle Kunstformen wurden gepflegt, aber auch modernisiert und revolutioniert. Millionen Menschen wurden selbst zu Künstlerinnen und Künstlern. Sie machten sich

---

[287] Hsin Hua, »Massendebatte über die Revolution in Literatur und Kunst«, Chinese Literatur 6/1976

[288] »Kurzer Abriss des Kulturwesens in China«, Peking 1975, S. 2

kulturelle Errungenschaften aus der ganzen Welt kritisch zu eigen, folgten den Prinzipien »*Das Alte in den Dienst der Gegenwart stellen, das Ausländische für China nutzbar machen*« und »*Laßt das Neue durch kritische Aufnahme aus dem Alten hervorgehen*«.[289] Literatur, Film, Oper, Ballett und Musik blühten auf. Das stand im Gegensatz zur kritiklosen Anbetung westlicher Kultur durch die Revisionisten.

Festigung und Höherentwicklung der Einheit von Mensch und Natur

Die revisionistische Linie Liu Shaoqis und Deng Xiaopings setzte auf zentrale Großprojekte, selbst wenn sie die Umwelt zerstörten, sie stempelte die Verwertung von Abfällen als »primitiv« ab. Überall im Land diskutierten dagegen die Massen das dialektisch-materialistische Herangehen an die Einheit von Mensch und Natur und kritisierten die metaphysisch-idealistische Auffassung:

»*Die umfassende Mehrzwecknutzung und die vernünftige Verwendung der Ressourcen ist ein wichtiges Thema in der Entwicklung der sozialistischen Produktion.*«[290]

Auf Mao Zedongs Initiative entfaltete die Kulturrevolution in der Kritik an der revisionistischen Linie landesweite Kampagnen für Umweltschutz. Die Chinesen begannen, Wasser und Luft in den Städten und auf dem Land sauber zu halten, das Land in Millionen Kleinanlagen zur Biogasgewinnung mit Sumpfgas[291] zu elektrifizieren, »Abfälle« in Kreislaufwirtschaft hundertprozentig zu recyceln und zu verwerten.

---

[289] Peking Rundschau 23/1974
[290] Peking-Rundschau 6/1971, S. 7
[291] Methan aus Faulprozessen

Proletarischer Internationalismus

Die bürgerliche Ideologie ist an den bürgerlichen Nationalstaat gebunden, der als ständiger Herd nationalistischer, chauvinistischer, rassistischer Einflüsse auf das Denken, Fühlen und Handeln der Massen wirkt. Die uneigennützige internationalistische Hilfe der Volksrepublik China für vom Imperialismus ausgebeutete und unterdrückte Länder wurde in der Kulturrevolution zu einer sozialistischen Politik, die weltweite Achtung fand. Ein bedeutendes Beispiel war der Bau der 1 850 Kilometer langen »Tansam-Eisenbahn« 1970 bis 1976 zwischen Sambia und Tansania. Der Spiegel berichtete anerkennend über die großartige Gemeinschaftsleistung von chinesischen, sambischen und tansanischen Arbeitern.

»Alle, ob Arbeiter, Arzt oder Funktionär, schaffen für 200 Mark monatlich. ... Zur Rückzahlung der 1,5 Milliarden Mark wird Tansania und Sambia 30 Jahre Zeit gegeben. Zins wird nicht erhoben.«[292]

Die Erziehung zu selbstloser internationalistischer Unterstützung revolutionärer Organisationen und ihrer Kämpfe umfasste in der Kulturrevolution die gesamte Gesellschaft. *»Alle Kinder sollen dazu angeregt werden, internationale revolutionäre Bewegungen zu unterstützen.«*[293]

Selbstveränderung der Arbeiterklasse und der breiten Massen

Motor der Selbstveränderung in der Kulturrevolution war eine Millionen erfassende Bewegung zur **Erlernung und bewussten Anwendung der dialektischen Methode.**

---

[292] »Auf deutscher Spur«, in: Der Spiegel, 52/1971

[293] Peter Mauger u.a., »Erziehung und Ausbildung in China«, S. 80

Der hauptsächliche weltanschauliche Kampf hatte die revisionistische Theorie und Methode »Zwei in eins vereinigen« zum Gegner. Einer ihrer Hauptvertreter im Zentralkomitee der Kommunistischen Partei Chinas, Yang Xian-zhen, behauptete einseitig, die Dialektik sei eine Lehre, »*die untersucht, wie sich Gegensätze vereinigen können.*«[294] Diese Verballhornung des dialektischen Bewegungsgesetzes von Kampf und Einheit der Gegensätze und der Bewegung »Eins teilt sich in zwei« zielte auf Versöhnung der Klassenwidersprüche und den Verzicht auf die Weiterführung des proletarischen Klassenkampfs. Dagegen wertete ein Soldat der Roten Armee aus:

»Nach Studium und Praxis kamen wir zu der tiefen Einsicht: Wenn man nur mit der Methode ›Eins teilt sich in zwei‹ an die Probleme geht, wird das Gesichtsfeld sich weiten, und die Arbeit siegreich sein. Mit der Methode der Ein-Punkt-Theorie (sie galt als Gegensatz zu »Eins teilt sich in zwei« – Verf.) *kann man überhaupt nichts unterscheiden, und in der Arbeit wird zwangsläufig nichts gelingen. ...*

Wer nur auf den Erfolg sieht, aber nicht auf die Mängel, kann nicht vortrefflich die Parteiaufgaben und den Kampf verwirklichen.«[295]

Die Große Proletarische Kulturrevolution war im Kern eine **massenhaft organisierte weltanschauliche Auseinandersetzung zur Verhinderung der Restauration des Kapitalismus und für den Erhalt und stürmischen Aufbau des Sozialismus.** Die Notwendigkeit solcher Kulturrevolutionen wurde umso deutlicher, als nach dem Tod Mao Zedongs deren Errungenschaften geleugnet und auch in der Volksrepublik China der Sozialismus zerstört wurde. Um in dem langen

---

[294] zitiert in: »Eins teilt sich in zwei«, Hamburg 1975, Originaltexte der chinesischen Kulturrevolution, S. 1

[295] ebenda, S. 15

Prozess des sozialistischen Aufbaus und des Übergangs zum Kommunismus die Restauration des Kapitalismus zu verhindern, werden voraussichtlich mehrere Kulturrevolutionen als **höchste Form des Klassenkampfs im Sozialismus** nötig werden.

Die MLPD verallgemeinerte die Erfahrungen aus dem Sieg der proletarischen Ideologie im Klassenkampf gegen die Gefahr der Restauration des Kapitalismus durch die Große Proletarische Kulturrevolution:

*»Der Klassenkampf im Sozialismus **muss deshalb als Schule der proletarischen Denkweise** bzw. des sozialistischen Bewusstseins geführt werden. Letztlich wird der Übergang zur klassenlosen Gesellschaft dadurch entschieden, wie es gelingt, die Massen gegen die kleinbürgerliche Denkweise **zu immunisieren.«*[296]

Über die **strategische Bedeutung und visionäre Perspektive des Siegs über die bürgerliche Ideologie** schreibt die MLPD in ihrem Parteiprogramm:

»Erst wenn die bürgerliche Ideologie endgültig besiegt ist, sterben Klassen und Staat ab und die klassenlose Gesellschaft beginnt. ... Kommunismus ist ›der Sprung der Menschheit aus dem Reich der Notwendigkeit in das Reich der Freiheit‹ (Friedrich Engels).«[297]

---

[296] »Konspekt zur Frage der Denkweise im Revolutionären Weg 16-24 und im Buch ›Sozialismus am Ende?‹«, S. 378

[297] Programm der MLPD, S. 65/66

Bücher zum Thema
im Verlag Neuer Weg

Stefan Engel

Götterdämmerung über der »neuen Weltordnung«

Erschienen: 2003

Seit den 1990er-Jahren haben sich in der kapitalistischen Produktion eine Reihe neuer Erscheinungen und wesentlicher Veränderungen entwickelt. Entgegen der verwirrenden Deutungsversuche kleinbürgerlicher Globalisierungstheoretiker analysiert das Buch, ausgehend von den Analysen des Imperialismus durch Lenin und des staatsmonopolistischen Kapitalismus in Deutschland durch Willi Dickhut, die wesentlichen Veränderungen im imperialistischen Weltsystem. Sie werden als Neuorganisation der internationalen kapitalistischen Produktion zusammengefasst und leiten eine neue Phase der Entwicklung des imperialistischen Weltsystems ein. Internationale Produktion und Handel sind zum bestimmenden Charakter der Ausbeutung und Unterdrückung durch eine kleine führende Schicht des allein herrschenden internationalen Finanzkapitals geworden. Weitere Merkmale der ausgereiften materiellen Vorbereitung des Sozialismus entstanden. Eine neue historische Umbruchphase wurde eingeleitet. Der Imperialismus stößt an seine relative historische Grenze, die er nicht überwinden kann. Die Schlussfolgerung aus der Neuorganisation der internationalen kapitalistischen Produktion ist die internationale sozialistische Revolution und die Perspektive der vereinigten sozialistischen Staaten der Welt!

592 Seiten, Hardcover
ISBN 978-3-88021-340-1
Taschenbuch
ISBN 978-3-88021-357-9
CD-ROM:
ISBN 978-3-88021-341-8
E-Book
ISBN 978-3-88021-424-8
Englisch:
ISBN 978-3-88021-342-5
Französisch:
ISBN 978-2-7475-9895-8
Russisch:
ISBN 978-5-9900422-7-8
Spanisch:
ISBN 978-3-88021-349-4

Stefan Engel

Morgenröte der internationalen sozialistischen Revolution

Erschienen: 2011

Auf Grundlage der marxistisch-leninistischen Analyse der Neuorganisation der internationalen Produktion und insbesondere des internationalen Krisenmanagements in der Weltwirtschafts- und Finanzkrise ab 2008 werden Schlussfolgerungen für die Strategie und Taktik der Vorbereitung der internationalen proletarischen Revolution gezogen. Bei allen Unterschieden der Klassenkämpfe in den einzelnen Ländern braucht das internationale Proletariat im Bündnis mit allen Unterdrückten einen gemeinsamen Bezugspunkt: die internationale sozialistische Revolution. Die Koordinierung und Revolutionierung des Klassenkampfs muss die fortschrittlichen, demokratischen und revolutionären Massenbewegungen und -organisationen zu einer internationalen Macht zusammenschließen, die dem imperialistischen Weltsystem überlegen ist. Die konkreten ökonomischen, sozialen und politischen Bedingungen eines jeden Landes müssen in der jeweiligen proletarischen Strategie und Taktik ebenso Berücksichtigung finden wie der allgemeine Bezug auf die internationale Revolution. So erscheint die internationale proletarische Strategie und Taktik als ein Orchester verschiedener proletarischer Strategien und Taktiken der revolutionären Arbeiterparteien in den jeweiligen Ländern. Das Buch erhebt nicht den Anspruch einer Generallinie, soll aber Anstoß und Beitrag sein für den notwendigen Prozess intensiver theoretischer Diskussion und praktischer Zusammenarbeit in der internationalen marxistisch-leninistischen, revolutionären und Arbeiterbewegung.

620 Seiten, Hardcover
ISBN 978-3-88021-380-7
Taschenbuch
ISBN 978-3-88021-391-3
CD-ROM
ISBN 978-2-88021-384-5
E-Book
ISBN 978-2-88021-418-7
Englisch:
ISBN 978-3-88021-389-0
Französisch:
ISBN 978-3-88021-394-4
Russisch:
ISBN 978-5-91022-217-9
Spanisch:
ISBN 978-3-88021-387-6

Stefan Engel

Katastrophenalarm!
Was tun gegen die mutwillige Zerstörung der
Einheit von Mensch und Natur?

Erschienen: 2014

In der öffentlichen Meinung wird der Eindruck erzeugt, die Umweltfrage sei bei den Herrschenden und ihren Regierungen in guten Händen. In Wirklichkeit aber waren sie seit dem Aufkommen der Umweltkrise Anfang der 1970er-Jahre weder willens noch in der Lage, etwas Wirksames dagegen zu unternehmen. Stattdessen treibt die Menschheit ungebremst auf eine globale Umweltkatastrophe zu. Diese hat das Potenzial, die Grundlagen jeglichen menschlichen Daseins zu vernichten.

Die Verantwortung für diese Entwicklung liegt in erster Linie bei den internationalen Übermonopolen, die heute die gesamte Weltproduktion, den Welthandel sowie Politik, Wirtschaft und Wissenschaft in allen Ländern beherrschen. Dieses Buch lässt keinen Zweifel daran, dass die Menschheit die Umweltfrage nicht dem herrschenden Gesellschaftssystem überlassen darf. Sie wird sonst untergehen in der kapitalistischen Barbarei!

Leitlinie des Buchs ist die dialektisch-materialistische Methode und Theorie von Marx und Engels, die von der grundlegenden Einheit von Mensch und Natur ausgingen. Mit dem Aufkommen des Reformismus in der Arbeiterbewegung Ende des 19. Jahrhunderts wurden diese Grundlagen verworfen, missachtet, ja systematisch verdrängt. Das hat bis heute negative Auswirkungen auf die Einheit von Arbeiter- und Umweltbewegung. Das Buch kommt zu dem Schluss, dass der Kampf zum Schutz der natürlichen Umwelt heute gesellschaftsverändernden Charakter annehmen und Bestandteil der Vorbereitung der internationalen sozialistischen Revolution werden muss.

336 Taschenbuch
ISBN 978-3-88021-405-7
CD-ROM
ISBN 978-3-88021-402-6
E-Book
ISBN 978-3-88021-413-2
Englisch:
ISBN 978-3-88021-403-3
Französisch:
ISBN 978-3-88021-408-8
Russisch:
ISBN 978-5-91022-279-7
Spanisch:
ISBN 978-3-88021-406-4

Verlag Neuer Weg
MEDIENGRUPPE
NEUER WEG GmbH

Verlag Neuer Weg, Alte Bottroper Str. 42, 45356 Essen
Tel.: 0201 25915, E-Mail: verlag@neuerweg.de
Webshop: www.people-to-people.de